中国道路

China's Road

（增订本）

1840 - 1919 - 1949 - 1978 - 1989 - 2002 - 2012 - 2014

雄关漫道真如铁 人间正道是沧桑 长风破浪会有时

李红岩 龚云 宋启发 著
中国国家博物馆 新华通讯社图片中心 供图

顾问
（按姓氏笔画排列）

朱英璜 刘金田 李 颖 和 龑
武 力 赵智奎 黄如军 静瑞彬

黄山书社

图书在版编目（CIP）数据

中国道路 / 李红岩，龚云，宋启发著. -- 增订本. -- 合肥 ： 黄山书社，2014.4
ISBN 978-7-5461-4435-1

Ⅰ. ①中… Ⅱ. ①李… ②龚… ③宋… Ⅲ. ①中国历史－史料－近现代 Ⅳ. ①K250.6

中国版本图书馆CIP数据核字(2014)第068369号

中国道路（增订本）
ZHONG GUO DAO LU
李红岩 龚 云 宋启发 著

出版人 任耕耘
策 划 林清发
责任编辑 马 磊 司 雯

装帧设计 齐 娜
责任校对 李 南
责任印制 戚 帅

出版发行 时代出版传媒股份有限公司（http：//www.press-mart.com）
黄山书社（http：//www.hsbook.cn）
官方直营书店（http：//www.hsssbook.taobao.com）
营销部电话：0551-63533762 63533768
（合肥市政务文化新区翡翠路1118号出版传媒广场7层 邮编：230071）
经 销 新华书店
印 刷 合肥精艺印刷有限公司

开本 787×1092 1/16　印张 18　字数 125千　图片 323幅
版次 2014年4月第1版　印次 2014年4月第1次印刷
书号 978-7-5461-4435-1　定价 138.00元

目录

引言

引　　言

中华民族是勤劳勇敢智慧和爱好和平的伟大民族，中国是世界上文明古国中唯一历史未中断的国家。中国古代物质文明和精神文明丰富多彩、灿烂辉煌。中华文明对人类发展做出过重要贡献。

在漫长的历史进程里，中华民族曾遭受无数来自内部的矛盾与冲突和来自外部的挑战与威胁，如自然灾害、社会动荡、国家分裂、外部入侵，等等，但中华民族一次次战胜灾难，一次次渡过难关，使统一的多民族国家得以不断巩固和发展。

具有辉煌历史的中华民族，在迈向近现代社会时，又遇到了她所从未遇到过的新问题，面临着一个又一个生死存亡的严峻考验。从 1840 年鸦片战争开始，无数中华儿女，仁人志士，为了民族的复兴和繁荣，进行了前仆后继的艰难探索，寻找着一条适合中国人民自己的发展之路。其中，对中国人民影响最大的是这样两条道路，一条是中国共产党开创的中国特色的民主革命道路，另一条是中国共产党开创的中国特色的社会主义道路。在长期的革命、建设和改革的奋斗历程中，历史和中国人民选择了中国共产党，选择了马克思主义，选择了社会主义道路，选择了改革开放。本书就是希望通过客观的历史叙述和历史图片，让读者能够理解，为什么坚持走中国特色的社会主义道路是中国人民的必由之路。

1840-

上编

中国近代史是从 1840 年鸦片战争开始的。那个时候，中国已经落后于欧美的一些主要资本主义国家，开始面临沉沦的危险。

16 世纪至 19 世纪，正当中国还在古代社会晚期蹒跚行进时，资本主义已经在西方产生、发展，并向世界其他地方大举进行殖民扩张。

1949

在西方列强的侵略下，1840-1949 年的近代中国社会，是一个半殖民地半封建社会。近代中国社会的主要矛盾是帝国主义和中华民族的矛盾、封建主义和人民大众的矛盾。争取民族独立和人民解放，实现国家富强和人民幸福成为近代以来中华民族面对的历史任务。中国各阶层人民为此进行了不屈不挠的斗争，无数仁人志士苦苦探索救国救民的道路，都曾推动了中国的进步，但一次又一次地失败了。

中国共产党成立后，肩负着历史和人民的重任，承担起民族复兴责任，团结带领全国各族人民不懈奋斗，战胜各种艰难险阻，取得新民主主义革命的伟大胜利，建立了中华人民共和国。

第一章
1840-1919

1840年鸦片战争之后，由于西方列强的入侵，中国逐步沦为一个半殖民地半封建国家。此后约100年的中国历史，基本上是一部中国人的屈辱史和苦难史，也是一部中国人为实现民族独立、人民解放和伟大复兴而不懈斗争的奋斗史。

>> 1839 年 6 月，负责查禁鸦片的清朝大臣林则徐下令在广东虎门海滩当众集中销毁收缴的鸦片。此事成为第一次鸦片战争的导火线。图为油画《虎门销烟》（晏少翔　李林翔　1959 年作）

1. 鸦片战争

在中国，1840 年英国发动鸦片战争，是一件小学生们都知晓的著名历史事件。当时，“日不落”的大英帝国为打开中国紧闭的大门，多次叩关，但都无果而终。英国工业品的输出遭到了中国自然经济和闭关政策的顽强抵抗，英国对华贸易长期处于入超状态。为改变这种局面，英国人采取了以走私鸦片来改变贸易逆差的做法。

据不完全统计，鸦片战争前 40 年间，英国运入中国的鸦片约有 40 万箱，从中国拿走 3 亿至 4 亿银元。鸦片走私不仅导致中国银贵钱贱，而且直接毒害了中国人的身体和精神。

1839 年 6 月，清政府实行了禁绝鸦片的措施。钦差大臣林则徐在广东虎门销毁了收缴的鸦片。这个维护国家利益和民族尊严的正当行动，竟然导致了英国对中国的公然侵略。

1840 年 4 月，英国国会通过对华战争决定。同年 6 月，英国侵华舰队封锁了珠江海口和广东海面。第一次鸦片战争正式爆发。结果，中国战败。1842 年 8 月 29 日，清政府被迫与英国签订了中国近代史上第一个不平等条约——《南京条约》。1843 年 10 月，又签订了中英《虎门条约》。美国、法国闻讯后，也要求享有和英国一样的在华优惠待遇。因此，1844 年 7 月，中美签订《望厦条约》，10 月，中法签订《黄埔条约》。中国的国门被列强用枪炮冲开了。

>> 1842 年 8 月 29 日，清政府被迫签订了中国近代第一个不平等条约——《南京条约》。图为签订条约时中英双方代表的合影

2. 战败的屈辱

从鸦片战争开始，中国遭受的侵略战争主要有：1840 年的第一次鸦片战争，1856 年的第二次鸦片战争，1883 年的中法战争，1894 年的中日甲午战争，1900 年八国联军侵华战争等。

侵占中国领土，划分势力范围。从 1842 年英国强迫清政府签订《南京条约》割让香港岛开始，外国列强从中国割去的领土达 150 多万平方公里。此外，外国列强还在中国强租土地，划分势力范围。从 1845 年英国在上海设立租界开始，到 1911 年，英、法、美、德、日、俄、意、比、奥等国先后在中国 16 个城市，设立了 30 多个租界。租界里的一切都由外国人管理，中国的法律在这里没有效力。

赔款是战败给中国带来的另一个苦果。第一次鸦片战争后，英国人先后获取赔款 2700 万银元（含广州赎城费 600 万银元）。第二次鸦片战争后，英法各得赔款 800 万两白银。甲午战争后，日本人共勒索 23150 万两白银，相当于清政府 3 年的财政收入。八国联军强迫中国签订《辛丑条约》，规定赔款达 4.5 亿两白银，分 39 年还清，本息合计近 10 亿两。

1860 年，英法联军侵占北京后，放火焚烧了豪华的圆明园和附近香山、万寿山、玉泉山的精美建筑。1900 年 8 月，八国联军侵占北京后，大肆抢劫金银珍宝、珍贵文物古籍。仅日本军队就从户部银库抢去 300 万两库银。

>> 1856 年至 1860 年，英、法发动了对中国的第二次鸦片战争。图为 1860 年被英法联军抢劫、摧毁的北京圆明园残迹

3. 国家主权不断沦丧

鸦片战争后，外国列强还逐渐控制了中国的内政和外交。

第二次鸦片战争期间，美国公使田贝说，他们经常教训清政府的大臣，什么事要做，什么事不一定做。当奕䜣和慈禧太后通过1861年的“辛酉政变”掌权后，英国公使普鲁斯向政府报告说：“其表现最可能和外国人维持友好关系的那些政治家掌握政权了。”

外国列强掌握中国海关。英国人赫德自1863年任总税务司开始，直到1908年回国，掌握中国海关权力达40余年之久。

外国列强还帮助清王朝镇压中国人民的反抗，例如太平天国农民起义和义和团运动。《辛丑条约》要求清政府作出永远禁止中国人成立或加入任何反对他们的组织的承诺，规定清政府各级官员如对人民反抗斗争“弹压惩办”不力，“即行革职，永不叙用”。

1842年《南京条约》规定，英国商人在中国进出口货物的关税，需要同英国人商定。英国人在华享有“领事裁判权”，即中国司法机关无权审理在华英国人的案件。西方国家还直接在中国通商口岸开设洋行，自由开工厂、办银行、修铁路、开矿山等。中国在经济上丧失了独立性，被强制性地纳入资本主义的世界经济体系。除沿海、沿江少数城市畸形发展外，中国广大地区特别是农村地区的经济濒临破产。

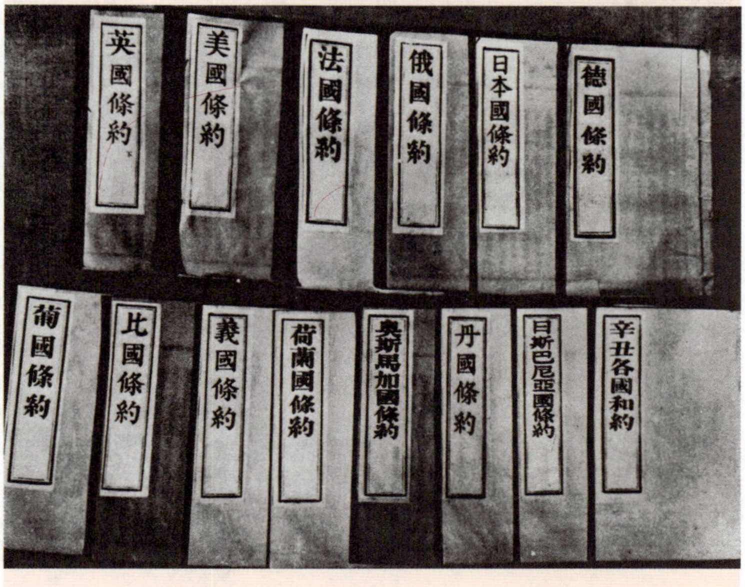

>> 1842—1901年间清政府被迫签订的一系列不平等条约

4. 中国人民的反侵略斗争

外国列强侵略、压迫中国的过程，也是中国人民反抗侵略、压迫的过程。

1841 年 4 月，英军在广州郊区三元里遭到中国民众围攻，“不呼而集者数万人”。这是近代中国人民举行的第一次大规模的反侵略武装斗争。1885 年 3 月的中法战争中，在中越边境镇南关（今友谊关），年近 70 的老将冯子材身先士卒，指挥中国军队大败法军，取得镇南关大捷。从 1895 年 6 月到 10 月，台湾军民浴血奋战，抗击了日本两个近代化师团和一支海军舰队，日军死伤 32000 多人。在抗击外国侵略的战争中，中国出现了许多英雄人物，他们的代表有：第一次鸦片战争期间，广东水师提督关天培、江南提督陈化成、副都统海龄（满族）；第二次鸦片战争期间，提督史荣椿、乐善（蒙古族）；中日甲午战争

>> 图为第一次鸦片战争期间广州三元里群众抗击英军时用过的旗帜和武器

时，致远舰管带邓世昌、经远舰管带林永升，等等。

八国联军统帅瓦德西曾经向德皇威廉二世报告说：“吾人对于中国群众，不能视为已成衰弱或已失德性之人，彼等在实际上，尚含有无限蓬勃生气。”在法国议会辩论对华政策时，一位法国议员指出：“中国地土广阔，民气坚劲。”“瓜分之说，不啻梦呓也。”

但是，从 1840 年至 1919 年的 80 年间，中国人民对外来侵略虽然进行了英勇顽强的反抗，但几乎全部以失败而告终。

那时，清王朝从皇帝到权贵，大都昏庸愚昧。面对西方强烈的冲击，中央决策层仍然固守传统一套，缺乏变革的勇气和能力，而从上到下，许多官员贪污腐化，不少将帅贪生怕死。第一次鸦片战争对日本的冲击比中国还大。中国思想家魏源写的《海国图志》在中国没有引起大的反响，在日本却引起强烈震动。由于日本及时改革，奋发有为，因而不但摆脱了沉沦的命运，而且迅速崛起，这对中国人来说，是一个很大的教训。

>> 创作于 1898 年的佚名《时局图》形象地反映了中国所面临的被列强瓜分的危机。图中熊代表沙俄，虎代表英国，蛇代表德国，蛤蟆代表法国，太阳代表日本，鹰代表美国

>> 1851年1月11日，洪秀全在广西桂平县金田村发动了金田起义，太平天国运动由此开始。图为王恤珠所作油画《金田起义》（1961年作，199厘米×280厘米）

5. 救亡图存，艰苦探索

鸦片战争像晴空霹雳，打破了中国统治者以“天朝上国”自居的迷梦。中国的有识之士，开始注意了解国际形势，获取世界知识。

林则徐是近代中国睁眼看世界的第一人。他刚到广东时，就组织人翻译西方书刊。1841 年，他组织翻译了英国人慕瑞的《地理大全》，编成《四洲志》一书。后来林则徐把自己收集的资料和《四洲志》书稿交给好友魏源。1843 年 1 月，魏源编成《海国图志》。在这本书中，魏源主张学习外国先进的军事和科学技术，开创了中国近代向西方学习的新风尚。

19 世纪 70 年代以后，王韬、薛福成、马建忠、郑观应等人不仅主张学习西方的科学技术，还要求吸纳西方的政治、经济学说。郑观应在《盛世危言》中提出大力发展民族工商业，设立议院，实行“君民共主”等主张。

1894 年甲午战争，中国败给了邻国日本，亡国灭种的危机感笼罩着神州大地。梁启超指出：“吾国四千余年大梦之唤醒，实自甲午战败割台湾偿二百兆以后始也。”

1895 年，思想家严复在《救亡决论》一文中，响亮喊出了“救亡”的口号。他翻译的《天演论》1898 年正式出版，书中“物竞天择”、“适者生存”的思想像电击一样令中国人震颤。中国不自强，就会“弱者先绝”，失去民族生存的权利。

19 世纪末和 20 世纪初，中国面临被瓜分的现实危险。1894 年 11 月，孙中山在创立革命团体兴中会时指出：“蚕食鲸吞，已效尤于接踵；瓜分豆剖，实堪虑于目前。”

1898 年 4 月，康有为在一次演说中说：“吾中国四万万人，无贵无贱……听人驱使，听人宰割，此四千年中二十朝未有之奇变。”

于是，救亡图存成为时代的主旋律。孙中山等人喊出了“振兴中华”这个近代中国的时代强音。

6. 太平天国起义

清王朝的腐败激发了农民持续不断的抗争。1842 年至 1850 年间，全国爆发的反清起义在百次以上。1851 年 1 月，太平天国领袖洪秀全在广西省桂平县金田村领导农民和矿工、烧炭工等贫苦群众发动暴动。随后势如破竹，席卷 6 省。1853 年 3 月，占领南京，定为首都，改名天京，建立了太平天国政权。

太平天国定都以后，先后颁布了《天朝田亩制度》和《资政新篇》，表达了农民改造中国的方案和理想。

《天朝田亩制度》规定：16 岁以上的男女都可分得一份数量相同的土地，不满 16 岁的减半。太平天国希望通过这样的方案，实现“有田同耕，有饭同食，有衣同穿，有钱同使，无处不均匀，无人不饱暖”的均富社会。这个方案反映了农民要求平均分配土地的强烈愿望，但这个方案没有超出农民小生产者的狭隘眼界，具有不切实际的空想性质，而且也没有付诸实施。

《资政新篇》是太平天国后期颁布的社会改造方案，是洪仁玕（洪秀全的族弟，太平天国后期的领袖之一）根据他在香港的所见所闻拟写的。它竭力主张仿效西方资本主义制度，学习外邦人的精巧技艺，允许私有财产的合法存在，鼓励私人兴办实业，等等。遗憾的是，这个具有资本主义色彩的方案，由于脱离太平天国的实际，加之战争限制，也未能付诸实施。

极为恶劣的是，随着天朝政权的建立，由洪秀全带头，天国领袖们很快就走上了纵欲、腐化之路，而且内部等级森严，上下之间毫无平等可言。1856 年，领袖之间又爆发

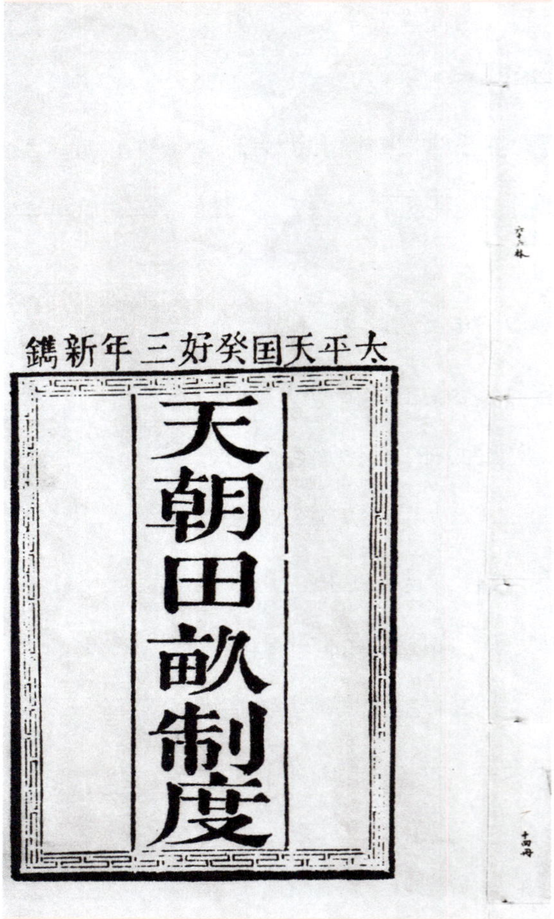

>> 太平天国《天朝田亩制度》

了残酷的权力斗争，两万多太平军将士无辜被杀，四万多将士被迫分裂出逃。天国元气大伤，坚持到 1864 年最终失败。

太平天国虽然失败了，但是它所提出的让贫苦农民普遍获得土地的愿望和发展资本主义工商业的想法，还是给后人进行社会变革留下了启示。

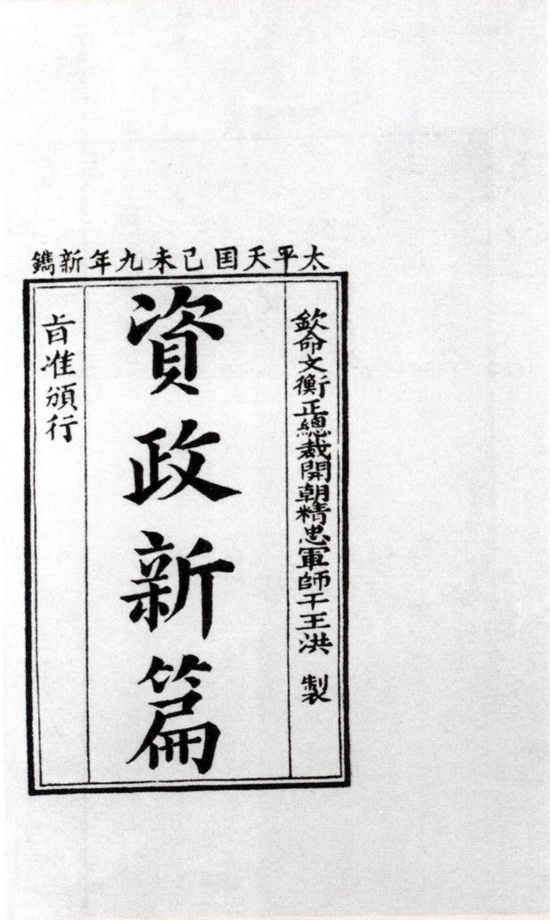

>> 太平天国《资政新篇》

7. 洋务运动

在同西方列强碰撞的过程中，清王朝的部分王公大臣如奕䜣、曾国藩、李鸿章、左宗棠、张之洞等人，深感西方坚船利炮的厉害。他们主张在维护中国封建伦理纲常和皇权政治秩序的前提下，引进西方的科学技术，创设近代企业，仿造西方的机械、武器，建立新式海陆军，创办新式学堂，派遣留学生等。这些事情在当时被称为“洋务”，这些人因而被称为“洋务派”。

洋务运动以“中体西用”为指导思想，以“自强”、“求富”为目标，利用国家权力，优先发展军工业，同时发展民用工业，是中国近代史上最早的现代化实践。这场清王朝的自救运动给中国带来新的实践、新的知识和新的观念，打开了人们的眼界，有利于中国社会风气的改变。

洋务运动的致命弱点是寄生在垂死的封建机体上，本身具有封建的腐朽性，缺乏活力。美国学者玛丽·K·赖特夫人评价洋务运动说，它“既不是改革，不是革命，也不是一个新的时代，只不过是依仗全体士大夫的能力与努力，使历史上难以避免的没落过程留下一个小阳春”。

洋务运动开展 30 多年，既没有使中国变富，也没有使中国变强。1894 年中日甲午战争爆发，中国惨败，北洋水师覆灭，宣告了洋务运动的破产。

>> 旅顺口1879年成为清北洋水师基地，1890年，旅顺军港跻身世界四大著名军港之列。驻旅顺口的陆、海官兵达15000人。图为当时旅顺口的东港

>> 创办于1890年的汉阳铁厂，是中国第一家钢铁联合企业，被西方视为中国觉醒的标志。在它的旁边，1892年创办了湖北枪炮厂（后更名为"汉阳兵工厂"），它是晚清规模最大、设备最先进的军工企业。图为汉阳铁厂和汉阳兵工厂远眺（摄于20世纪初）

8. 维新运动

中日甲午战争的失败，造成了新的民族危机。站在救亡图存运动前列的是以康有为、梁启超、谭嗣同、严复为代表的一批改良派知识分子。他们通过对洋务运动的反思，要求把向西方学习推进到一个新的高度，即不但要学习西方的科学技术，还要学习西方资本主义的政治制度和思想文化。

改良派通过向皇帝上书、著书立说、介绍外国变法的经验教训、办学会、设学堂、办报纸、同保守派展开论战等形式宣传变法维新的思想。由于他们的大声疾呼，变法维新的思想迅速传播开来，并发展为一场政治运动。

1898年，想有所作为的年轻的光绪皇帝，接受康有为等人的建议，从6月11日起，在之后的103天中，发布了一系列推行新政的政令，史称“戊戌变法”，又称“百日维新”。这些举措包括政治上改革行政机构、裁撤冗员，经济上奖励兴办工商业和交通运输业，军事上裁减旧式绿营兵、改练新式陆军、采用西式兵制，文化教育上设立京师大学堂，各省书院改为高等学堂，提倡西学、奖励发明等。

但是，这场不触动封建制度根基的温和

>> 康有为（1858～1927），广东南海人，近代改良派领袖，主张向日本学习，走“明治维新”式的道路，实行君主立宪制，发展工商业，废除八股文等，是戊戌变法的主要发起人

>> 谭嗣同（1865～1898），湖南浏阳人，中国近代改良派政治家、思想家，积极宣传并参与戊戌变法，是戊戌六君子之一

的自上而下的改革，依然遭到守旧势力的激烈反对。1898 年 9 月 21 日，实际掌握政权的慈禧太后发动政变，囚禁光绪皇帝，捕杀维新派人士，维新变法失败。康有为、梁启超被迫逃亡国外，谭嗣同、刘光第、林旭、杨锐、杨深秀、康广仁等 6 人遇害，史称“戊戌六君子”。

戊戌维新运动的失败，反映了以慈禧太后为首的清朝最高当局的极端愚昧、顽固和残忍，说明在近代中国，企图通过统治者自上而下的改良来救国，是行不通的。“戊戌六君子”所流的血，唤起了一大批仁人志士放弃改良主张，走上自下而上改造中国的革命道路。孙中山就是其中的代表。

>> 梁启超（1873 ~ 1929），广东新会人，师从康有为，是中国近代改良派政治家、思想家的代表人物，也是戊戌变法的主要发起人

>> 严复（1854 ~ 1921），福建侯官人，曾任京师大学堂编译局总办等职，译著《天演论》介绍西方“物竞天择，适者生存”的社会进化论思想

9. 晚清新政

清王朝一再错过自我变法的机会，在1900年爆发的义和团运动被镇压之后，已经蜕变为“洋人的朝廷”。为摆脱困境，1901年4月，清政府成立督办政务处，宣布实行“新政”，推行了一系列改革，包括：设立商部、学部、巡警部等中央行政机构；裁撤绿营，建立新军；颁布商法商律，奖励工商；鼓励留学，颁布新的学制，从1906年起正式废除科举制度建立新学堂。1906年宣布“预备仿行宪政”，1908年颁布《钦定宪法大纲》，制定了学习日本实行君主立宪的方案。

然而，新政不仅没有挽救清政府覆灭的命运，反而加速了其灭亡。主要原因在于整个统治阶级已经病入膏肓，特别是以王公大臣为核心的最高统治阶层昏聩不堪，已经完全丧失了自我变革的能力。正如孙中山所说，清政府“可以比作一座即将倒塌的房屋，整个结构已从根本上彻底地腐朽了，难道有人只要用几根小柱子斜撑住外墙就能够使那座房屋免于倾倒吗”？

>> 京师大学堂是1898年维新变法“新政”的果实，1912年更名为北京大学。图为京师大学堂的门额

>> 图为京师大学堂的旧址

10. 革命派的英勇斗争

面对日益深重的国家和民族危机，以孙中山为首的革命派决心采用暴力手段彻底推翻清王朝的专制统治，建立资产阶级民主共和国。

1894 年，孙中山在檀香山创立兴中会。1904 年后，出现了十多个革命团体，重要的有华兴会、科学补习所、光复会、岳王会等。1905 年 8 月 20 日，多个革命团体联合起来，在日本发起成立“中国同盟会”这个中国近代第一个资产阶级政党。

孙中山提出了明确的革命纲领——三民主义学说。它包括：民族主义，含有“驱除鞑虏,恢复中华”两项内容,对内推翻清政府，对外实现民族独立；民权主义，内容是“创立民国”，即推翻封建君主专制制度，建立资产阶级民主共和国；民生主义，主要是“平均地权”，实现社会革命，消除贫富分化。

革命派在国内联络会党和新军，组织和发动了一系列武装起义。其中影响最大的是 1911 年 4 月在广州举行的“黄花岗起义”。这些武装斗争均因为力量弱小、孤立无援而失败。为此，革命派付出无数的牺牲。

1907 年，革命者禹志谟被捕后受尽拷打，体无完肤。有人不忍他受此折磨，给他送进

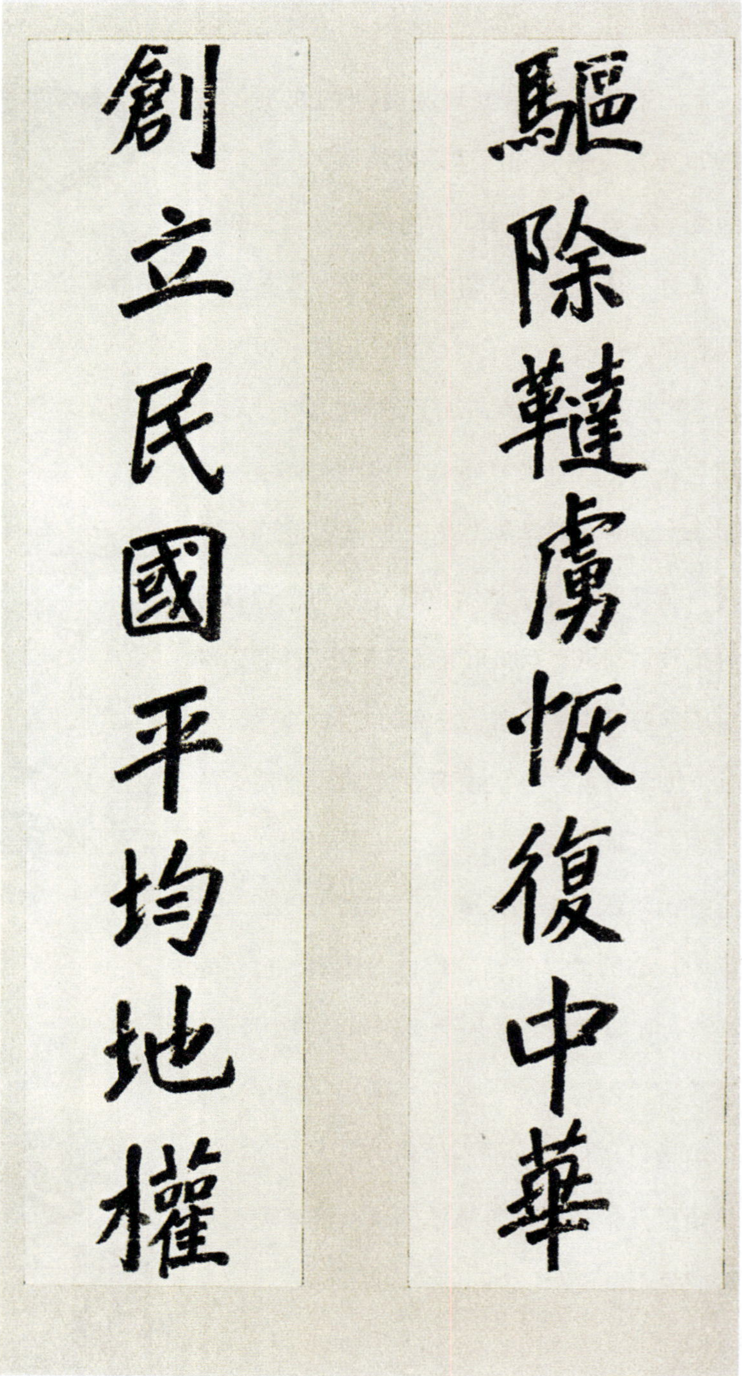

>> 图为孙中山手书的同盟会纲领

掺有毒药的饭食，他表示："谢谢大家的好意，但大丈夫当光明磊落，行刑法场，观者看那情景，相互传述，使国民知官府之残酷，各励其志，奋起斗争。这样，我一人虽死，而后亿万人可全生。"临刑前，他用已经被打折的手指写下"躯壳死耳，我志长存"的告同胞书，慷慨就义。

广州黄花岗起义中牺牲的烈士林觉民在参战前一天给爱妻留下绝笔信道：因国家"遍地腥云，满街狼犬"，故"吾充吾爱汝之心，助天下人爱其所爱，所以敢先汝而死，不顾汝也"。他的这份感人至深的家信，后来被选入教科书，为许多中国人所诵读。

>> 1905 年 8 月 20 日，中国同盟会在东京举行成立大会。会议推选孙中山为同盟会总理，黄兴为执行部庶务。图为中国同盟会会员合影，二排左起第七人为孙中山

11. 辛亥革命推翻帝制

虽然屡遭挫折，但革命党人仍然前仆后继地斗争着。

1911 年 10 月 10 日，湖北革命团体在同盟会影响下，以湖北新军中的革命党人为主力，发动武昌起义，当晚就占领了武昌城。武昌起义打开了清王朝统治的缺口，大江南北、长城内外，到处燃起革命的烈火。在一个月内，就有 13 个省以及上海和许多州县宣布独立，脱离清政府的统治，腐朽的清王朝迅速土崩瓦解。这一年是农历辛亥年，史称"辛亥革命"。

1912 年 2 月 12 日，清帝被迫宣布退位，统治中国近三百年的清王朝灭亡，在中国延续了两千多年的封建帝制覆灭。中国的资产阶级民主革命取得了初步的胜利。

1911 年 11 月 3 日，美国《纽约时报》发表了当时在哥伦比亚大学学习的一名中国留学生给《纽约时报》编辑部写的一封向世界介绍和歌颂中国革命的信，题为"年轻的中国"。信中写道："我们的革命将让全人类获益。年轻的中国将成为一个共和国，因此，全世界的政治进步将进入另一个阶段。"[1]

1912 年 1 月 1 日，中华民国临时政府在南京宣告成立，孙中山就任临时大总统，改

国号为中华民国，定1912年为民国元年。

1912年3月，临时参议院颁布《中华民国临时约法》。这是中国历史上第一个具有资产阶级共和国宪法性质的法典。

《中华民国临时约法》规定，“中华民国之主权属于国民全体”，而“以参议院、临时大总统、国务员、法院行使其统治权”；增设国务总理，作为政府首脑。中华民国国民一律平等，享有人身、财产、集会、结社、出版、言论等自由，享有请愿、陈述、考试、选举与被选举等民主权利。

南京临时政府先后颁布了一系列有利于工商业发展的政策和措施，推动了中国民族资本主义经济的发展，使民国初年成为中国民族资本主义发展的“黄金时代”；革命政府提倡社会新风，扫除旧时代的“风俗之害”。如以公元纪年，改用公历，下级官吏见上级官吏不再行跪拜礼，男子以“先生”、“君”互称，取代“老爷”等旧称呼，男子剪辫、女子放足等新风气迅速席卷全国。

2011年10月9日，中华人民共和国国家主席胡锦涛在纪念辛亥革命100周年大会上说，辛亥革命开创了完全意义上的近代民族民主革命，极大推动了中华民族的思想解放，打开了中国进步潮流的闸门，为中华民族发展进步探索了道路，开启了中国前所未有的社会变革，辛亥革命永远是中华民族伟大复兴征程上一座巍然屹立的里程碑！

>> 1912年1月1日，中华民国临时政府在南京成立，孙中山被选为临时大总统。图为孙中山主持中华民国临时政府第一次内阁会议

>> 孙中山 1912 年在南京就任中华民国临时大总统时宣读的誓词

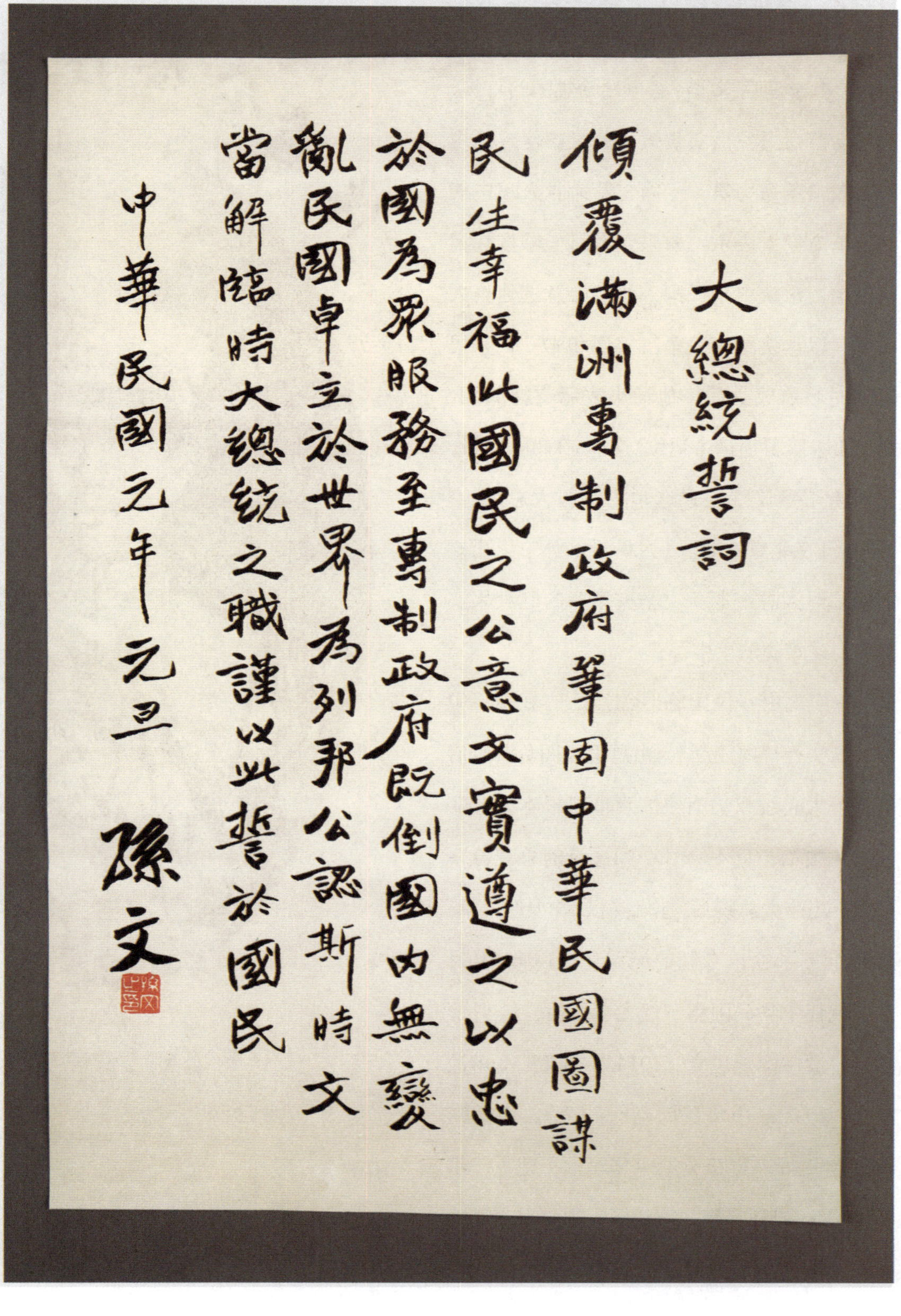

大總統誓詞

傾覆滿洲專制政府鞏固中華民國圖謀
民生幸福此國民之公意文實遵之以忠
於國為眾服務至專制政府既倒國內無變
亂民國卓立於世界為列邦公認斯時文
當解臨時大總統之職謹以此誓於國民

中華民國元年元旦

孫文

12. 袁世凯篡夺辛亥革命果实

袁世凯是晚清北洋军事政治集团的首领，在辛亥革命爆发后负责镇压起义。他一面用武力攻击革命力量，一面与革命党人暗中谈判。革命党人表示，如果袁世凯能够推翻清朝统治，承认中华民国，他们愿意选他当大总统，以尽快结束战争，实现和平。中华民国临时政府成立后，他通电表示支持共和，并于2月12日逼清帝退位。这样，在2月15日，他被南京参议院正式选举为临时大总统，3月10日在北京就职。4月1日，孙中山正式解除临时大总统职务。辛亥革命的胜利果实落入封建军阀的手中。

按照《中华民国临时约法》的规定，中华民国实行“内阁制”，由总理组阁负责政府事务，大总统权力有限。袁世凯根本无意实行民主政治，也不会甘心和民选的总理分享权力。当上大总统后，他玩弄权术，捏造民意，迅速走上了独裁专制的老路。1913年10月正式就任中华民国第一任大总统后，11月即下令解散中国国民党。1914年初又下令解散国会，废除《中华民国临时约法》。1915年12月，更悍然宣布废除中华民国，建立“洪宪帝国”，自任皇帝，上演了一出复辟帝制的丑剧。在全国军民的一片讨伐声中，袁氏被

>> 1915年12月，袁世凯称帝后，云南爆发了反袁的“护国运动”，蔡锷（1882～1916）任“护国军”第一军总司令，誓师讨袁。图为蔡锷戎装像

迫于1916年3月取消帝制，恢复“中华民国”年号，5月下旬因众叛亲离而忧愤成疾，6月暴病身亡。

袁世凯篡取了中华民国第一任大总统的职位，使辛亥革命的胜利大打折扣，国家既未能实现民主，也未能实现和平。孙中山为保护革命成果，挽救共和，曾经发起二次革命、护国战争、护法战争等新的武装斗争，但最后都无果而终。袁世凯死后，他栽培的北洋军阀，承其衣钵，继续依靠武力进行专制统治。有革命者感叹，“无量头颅无量血，可怜购得假共和”。

>> 图为袁世凯在天坛祭天

>> 1914年7月8日，孙中山在日本东京创建中华革命党，进行反对袁世凯专制独裁统治的斗争。1919年10月10日，孙中山将中华革命党改组为中国国民党。图为孙中山的入党誓词

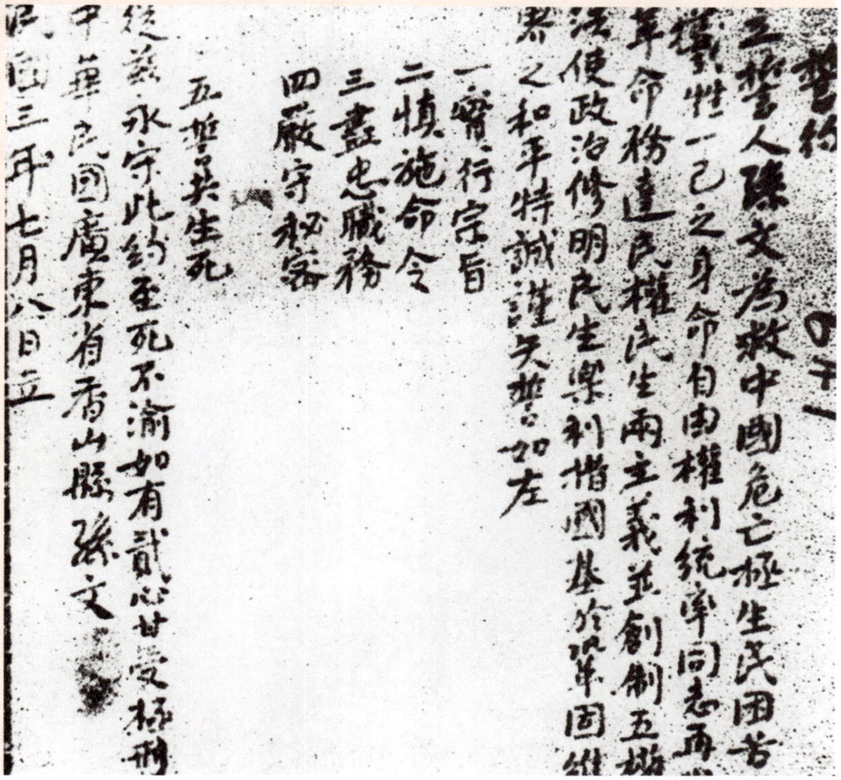

誓約

立誓人孫文為救中國危亡拯生民困苦
願犧牲一己之身命自由權利統率同志再舉
革命務達民權民生兩主義並創制五權
法使政治修明民生樂利措國基於鞏固維
界之和平特誠謹矢誓如左
一實行宗旨
二慎施命令
三盡忠職務
四嚴守秘密
五誓共生死
從茲永守此約至死不渝如有貳心甘受極刑
中華民國廣東省香山縣孫文
民國三年七月八日立

>> 图为 1916 年所印发的中华革命党党员证书

13. 辛亥革命未竟全功的教训

孙中山等民主革命派希望在中国建立一个真正的资产阶级民主共和国。《中华民国临时约法》规定，按照西方立法、行政、司法“三权分立”的原则建立国体，实行责任内阁制，允许人民结社组党。

民国初年，一时间，“集会结社，犹如疯狂，而政党之名，如春草怒生”，中国政治舞台上出现了第一次“组党”热潮，形形色色的大小政党达300多个。似乎孙中山等人垂青的西方多党和平竞争的民主政治就要在中国落地了。

1913年2月举行第一届国会选举，国民党赢得392席，成为国会第一大党。负责国民党竞选事务的党理事长宋教仁踌躇满志地准备组阁，不料却被袁世凯收买刺客在3月刺杀。革命派希望通过“议会民主”的方式掌握政权的梦想破灭了。

对袁世凯的幻想破灭以后，孙中山沉痛地说：“曾几何时，已为情势所迫，不得已而与反革命的专制阶级谋妥协。此种妥协，实间接与帝国主义相调和，遂为革命第一次失败之根源。”“夫袁世凯者，北洋军阀之首领，时与西方国家相勾结，一切反革命的专制如武人官僚辈，皆依附之以求生存；而革命党人乃以政权让渡于彼，其致失败，又何待言！”

孙中山等人没有充分发动和依靠人民群众，也未能建立起坚强的革命政党，更未组织起一支独立的、富有革命意志的军队，而把革命的希望寄托在一个封建军阀身上，这是他们失去辛亥革命胜利果实的根本原因，也是中国民族资产阶级软弱性的充分反映。

早年参加同盟会的林伯渠回顾道：“辛亥革命前觉得只要把帝制推翻便可以天下太平。革命以后，经过多少新的转折，自己所追求的民主还那么遥远，于是慢慢从痛苦的经验中发现此路不通，终于走上了共产主义的道路。这不仅是一个人的经验，在革命队伍里是不缺少这样的人的。”[2]

1. 转引自《参考消息》2011年10月6日第11版。
2. 林伯渠：《荏苒三十年》，延安《解放日报》1941年10月10日。

第二章

1919-1949

辛亥革命未竟全功，中国人民还要继续探索实现国家独立、自由、民主、统一、富强的道路。

在1919年五四运动到1949年新中国成立前这30年里，1919年五四运动开始了中国的新民主主义革命。1921年中国共产党成立。从此，在中国共产党的领导下，中国人民经过艰苦卓绝的长期斗争，推翻了帝国主义、封建主义和官僚资本主义的反动统治，取得了新民主主义革命的伟大胜利，建立了中华人民共和国，完成了争取民族独立、人民解放的历史任务，为实现国家繁荣富强、人民共同富裕，创造了前提，开辟了道路。

>> 图为沈加蔚创作的油画《兼容并包》（1988年作，190厘米×180厘米）。图中绘出了新文化运动的主要代表人物，如陈独秀、李大钊、鲁迅、胡适、钱玄同、刘半农等人

1. 新文化运动

在思想文化界，陈独秀、胡适、鲁迅、李大钊等一批先进的知识分子登上了历史的舞台。他们认为，以往少数先觉者的救国斗争之所以成效甚少，是因为中国的国民性有问题。“欲图根本之救亡”，必须改造中国的国民性。为此，他们决心发动一场新的启蒙运动，以期廓清蒙昧、启发民智，培育改造社会的新生力量。这个运动后来被称为新文化运动。

1915 年 9 月，《青年杂志》(后改为《新青年》)在上海创刊，揭开了新文化运动的序幕。杂志在改为《新青年》后的发刊词里说:“从前种种事，至 1916 年死；以后种种事，自 1916 年生。吾人首当一新其心血，以新人格，以新国家，以新社会，以新家庭，以新民族。”

当时的北京大学校长蔡元培实行兼容并包、学术自由的办学方针，陈独秀、胡适、李大钊等新文化运动的主将汇聚北大，《新青年》杂志社也迁往北京。《新青年》杂志和北京大学成为新文化运动的主要阵地。

新文化运动的基本口号是民主和科学，即所谓“德先生”(Democracy)和“赛先生”(Science)。陈独秀宣告：“我们现在认定只有这两位先生，可以救中国政治上、道德上、学术上、思想上一切的黑暗。”他和他的同道者们反对迷信和偶像崇拜，呼吁“打倒孔家店”，提倡新道德和新文学。

新文化运动在新的起点上掀起了解放思想的潮流，在社会上特别是青年中产生了极大的反响，为迎接一场彻底的反帝反封建的政治斗争做好了思想准备。

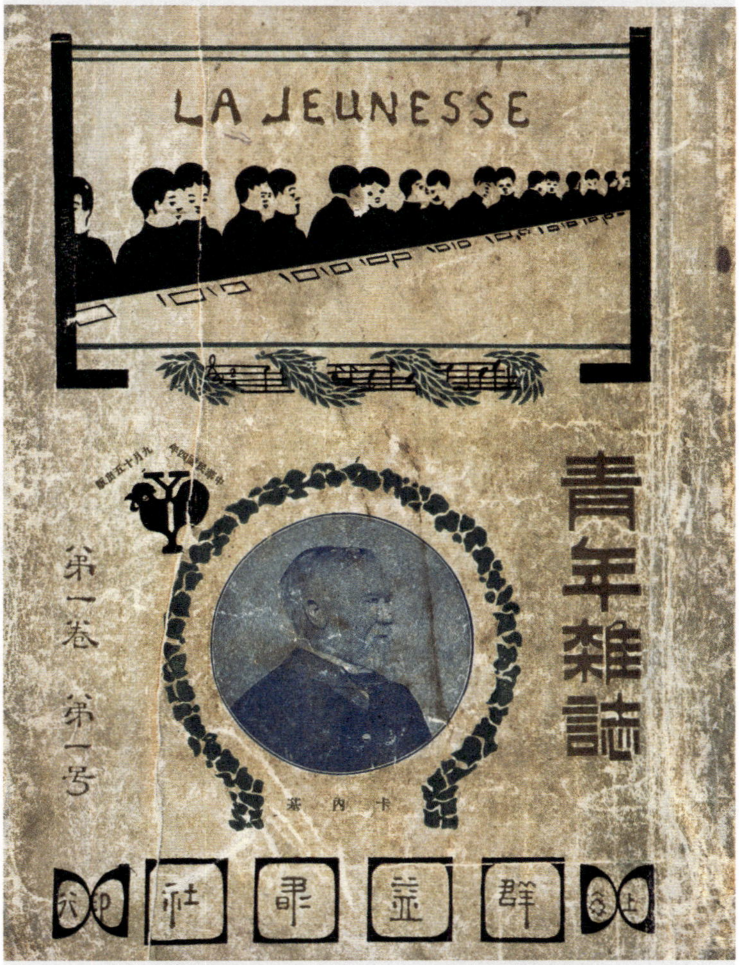

>> 1915年9月15日，陈独秀在上海创办《青年杂志》(第二卷改为《新青年》)，提倡资产阶级新文化，反对封建旧文化。图为创刊号封面

2. 十月革命极大地影响了中国

在新文化运动开展期间，1917 年，邻国俄罗斯爆发十月革命，诞生了世界上第一个社会主义国家。消息传到国内，立即引起了李大钊等人的注意。

李大钊在《新纪元》中写道，十月革命所开始的“是世界革命的新纪元，是人类觉醒的新纪元。我们在这黑暗的中国，死寂的北京，也仿佛分得那曙光的一线，好比在沉沉深夜中得一小小的明星，照见新人生的道路”，“这个新纪元带来新生活、新文明、新世界”。

十月革命使中国社会产生了一批赞成社会主义革命、具有初步共产主义思想的知识分子。李大钊是中国大地上率先举起马克思主义旗帜的第一人。

>> 1917 年 11 月 7 日，俄国爆发十月革命，建立了世界上第一个社会主义国家政权。图为（苏）弗·谢罗夫创作的油画《列宁宣布苏维埃政权成立》（1947 年作，270 厘米 ×210 厘米）

3. 五四运动

1919 年 5 月，中国爆发了五四运动。陈独秀曾评论说，十月革命以后，“中国人也受了两个教训：一是无论南北，凡军阀都不应当存在；一是人民有直接行动的希望。五四运动遂应运而生”。

这个事件之所以发生，直接的导火索是中国在巴黎和会上遭到了外交失败。1919 年 1 月，第一次世界大战战胜国在法国巴黎召开“和平会议”，中国作为第一次世界大战协约国成员，以战胜国的身份参加了会议。但是，中国并没有得到战胜国应该得到的权益，反而要将战败国德国在中国山东的权益转让给日本。消息传来，立即引起了中国人的愤慨。

1919 年 5 月 4 日，北京大学等校的学生进行了示威游行。从 6 月 5 日开始，这场运动扩展到 20 多个省区、100 多个城市。开始时，它还以学生为主力，以北京为中心。后来，工人成为主力，作为独立的政治力量登上历史舞台，上海成了中心，运动快速演变为全国范围的抗争浪潮。

迫于民众压力，北京政府不得不释放被抓捕的学生，拒绝在巴黎和约上签字，五四运动的直接斗争目标得到了实现。

巴黎和会上中国外交的失败，打破了中

>> 1919 年 5 月 4 日下午 1 时许，北京 3000 余名学生齐集天安门前示威游行，“五四运动”由此爆发。图为北京大学学生示威游行的队伍向天安门进发

>> 1919 年 1 月 18 日至 6 月 28 日，英、美、法、意、日等 27 个国家，在巴黎凡尔赛宫举行处置第一次世界大战战败国的“和平会议”。图为巴黎和会会场

国人对西方国家的幻想，而五四运动的胜利，又使有志改造社会的人们看到了民众联合的力量。1919 年，毛泽东在《湘江评论》发刊词中指出："世界什么问题最大？吃饭问题最大。什么力量最强？民众联合的力量最强。"

运动中，工人阶级的作用引人注目。上海学生联合会在告同胞书中说："学生罢课半月，政府不惟不理，且对待日益严厉"，"工界罢工不及五日，而曹、章、陆去"。工人在斗争中发挥决定作用的这个事实，给予先进知识分子以真切的教育。他们开始到工人中去进行宣传工作及组织工作。

>> 1919年5月7日，在得知北京学生被捕的消息后，上海各界两万余人在南市公共体育场召开国民大会，声援北京学生

4. 五四运动的伟大意义

五四运动促进了马克思主义在中国的传播，展示了工人阶级的力量，开启了中国新民主主义革命的大幕。越来越多的人聚集到科学社会主义的旗帜下来。

后来成为共产党领袖的瞿秋白当时曾说："中国民族几十年受剥削，到今日才感到受殖民地化的况味。帝国主义压迫的切骨的痛苦，触醒了空泛的民主主义的噩梦。学生运动的引子，山东问题，本来就包括在这里。工业先进国的现代问题是资本主义，在殖民地上就是帝国主义，所以学生运动倏然一变而倾向于社会主义。"

吴玉章描述他对五四运动的感受说："从前我们搞革命虽然也看到过一些群众运动的场面，但是从来没有见到过这种席卷全国的雄壮浩大的声势。在群众运动的冲击震荡下，整个中国从沉睡中复苏了，开始焕发出青春的活力。"[1] 邓中夏说："'五四'运动中有一部分学生领袖，就是从这里出发'往民间去'，跑到工人中去办工人夜校，去办工会。"李大钊指出："我们很盼望知识阶级作民众的先驱，民众作知识阶级的后盾。"

中国先进知识分子开始与工人群众相结合，它是马克思主义与中国工人运动相结合的先导。

5. 中国共产党成立

中国共产党的诞生，是近代中国历史发展的必然产物，是中国人民在救亡图存斗争中顽强求索的必然产物。

五四运动以后，社会主义思潮在中国蓬勃兴起，马克思主义开始在知识界得到广泛传播，逐步在思想文化领域中发挥指导作用。五四运动时，国民党并没有站在群众运动的前列。蔡和森感叹说："这个趋势很可以说明国民党已不能领导革命了，客观的革命势力发展已超过它的主观力量了。"

工人阶级队伍的壮大，并开始作为独立的政治力量在中国政治舞台发挥作用；成立无产阶级政党来领导中国革命，成为近代中国社会发展和革命发展的客观要求。

五四运动后，中国一批信奉马克思主义的革命志士希望能组建一个无产阶级政党。在苏俄的直接支持与领导下，中国共产党第一次全国代表大会于 1921 年 7 月 23 日在上海法租界望志路 106 号举行。其间，由于会场受到暗探注意和法租界巡捕房搜查，最后一天的会议改在嘉兴南湖的游船上举行。

参加大会的有 13 名代表，代表全国 50 多名党员。共产国际代表马林和尼科尔斯基也参加了会议。大会确定党的名称是中国共

>> 图为上海中共一大会址外景

产党，通过了中国共产党的纲领，产生了党的领导机构——中央局。

中国共产党第一次代表大会正式宣告了中国共产党的成立，这是中华民族发展史上开天辟地的大事。中国共产党给灾难深重的中国人民带来了光明和希望。从此，中国人民有了一个先进的坚强的政党作为凝聚自己力量的领导核心，中国革命有了正确前进方向，中国人民有了强大精神力量，中国命运有了光明发展前景。中国共产党带领中国人民踏上了争取民族独立、人民解放的光明道路，开启了实现国家富强、人民富裕的壮丽征程。

无疑，刚成立的中国共产党还非常脆弱和不成熟。但是，这个党充满活力，其成长的速度尤其惊人。到 1927 年 4 月中共五大召开时，已经拥有 5.7 万名党员了。

>> 1921 年 7 月 30 日晚，中共一大在一艘游船上召开了最后一次会议

6. 共产党领导的第一次工人运动高潮

中国共产党成立后，即主动与群众相结合。这是它区别于其他政党和政治派别的显著特征。

中共二大指出：“我们既然是为无产群众奋斗的政党，我们便要‘到群众中去’，要组成一个大的‘群众党’。”

中国共产党成立后的第二年到第三年，就掀起了中国近代史上第一次工人运动高潮，罢工 100 多次，参加罢工工人 30 多万，运动持续 13 个月之久。1922 年 5 月在广州召开的第一次全国劳动大会，成为中国工人阶级的第一次全国性盛会，代表们来自 110 多个工会，代表 34 万有组织的工人。

中国共产党领导的工人斗争，显示了中国工人阶级的坚定的革命性和坚强的战斗力，

>> 1922 年 1 月 12 日至 3 月 8 日，香港海员在中国共产党的领导下为反抗英国资本家的压迫和剥削举行罢工，由此拉开了中国工人运动第一次高潮的序幕。图为香港海员和市民欢庆罢工胜利

扩大了中国共产党在全国的政治影响。

此情此景，令孙中山感慨不已。他对战友说：“我们的革命运动，黄花岗、潮州之役，人数极少，镇南关之役不过 200 人，钦廉之役不过 100 余人。现在中共组织工农运动，群众一起来，动辄成千逾万，开滦罢工、‘二·七’罢工规模浩大，震惊中外，其势尤不可侮！”

孙中山正是从斗争实践中，认识到中国共产党是一支新兴的、生机勃勃的革命力量，因而下决心同共产党进行合作。1923 年，孙中山决定与中共进行政治合作。夫人宋庆龄问他，为什么做这样的决定，他回答：“国民党正在堕落中死亡，因此要救活它就需要新鲜血液。”

通过发动和领导工人运动，中国共产党密切了同工人阶级的联系，加强了自身的思想、组织建设。

>> 1925 年 5 月 30 日，“五卅运动”爆发。它是中国共产党领导下的群众性反帝爱国运动，标志着国民大革命高潮的到来。图为“五卅运动”爆发时上海总工会的游行队伍

>> 鲁迅（1881 ~ 1936），原名周树人，浙江绍兴人，中国革命文艺运动的主将。图为 1932 年冬鲁迅应邀在北京师范大学演讲

7. 第一次国共合作与国民革命运动

在共产国际的指导与中国共产党的推动下，1924 年 1 月，中国国民党第一次全国代表大会在广州召开。大会通过的宣言，重新解释了“三民主义”：在民族主义中突出了反帝的内容，强调对外实行中华民族的独立，同时主张国内各民族一律平等；在民权主义中强调了民主权利应“为一般平民所共有”，不应为“少数人所得而私”；把民生主义概括为“平均地权”和“节制资本”两大原则（后来又提出了“耕者有其田”的主张），并提出要改善工农的生活状况。这个新三民主义的政纲同中共在民主革命阶段的纲领基本一致，因而成为国共合作的政治基础。国民党一大实际上确立了“联俄、联共、扶助农工”三大政策。这样，国民党一大的成功召开，就标志着第一次国共合作的正式形成。之后，国共两党联手掀起了一场近代中国历史上空前广泛而深刻的运动——国民革命运动。

这场运动的时间，是从 1924 年至 1927 年。运动的高潮是开展了统一中国的北伐战争，直接推翻了北洋军阀的统治，使得国民党成为中国最大的政治力量。

在这场运动中，年轻的中国共产党发挥

>> 1933 年 11 月 20 日，国民革命军第十九路军联合国民党内的反蒋力量，在福州召开“中国全国人民临时代表大会”，宣布抗日反蒋的革命主张。图为大会代表合影

了独特的、不可替代的作用。周恩来曾经说："当时，国民党不但思想上依靠我们，复活和发展他的三民主义，而且组织上也依靠我们，在各省普遍建立党部，发展组织。""当时各省国民党的主要负责人大都是我们的同志。""是我们党把革命青年吸引到国民党中，是我们党使国民党与工农发生关系。国民党左派在各地的国民党组织中都占优势。国民党组织得到最大发展的地方，就是左翼最占优势的地方，也是共产党员最多的地方。"

但是，到 1927 年 4 月，在北伐即将取得胜利的时候，以蒋介石为代表的国民党右翼却突然背叛革命，向中共举起了屠刀。4 月 12 日，蒋介石在上海发动反共政变，以"清共"为名，在东南各省大规模捕杀共产党员和革命群众。7 月，以汪精卫为代表的所谓国民党"左翼"也与中共决裂。轰轰烈烈的国民革命运动就这样以失败而告终。据不完全统计，从 1927 年 3 月到 1928 年上半年，被杀害的共产党员和革命群众达 31 万多人，其中共产党员有 26000 多人。国民党对共产党实行的"白色恐怖"直接导致中国共产党采用武装斗争的方法去夺取革命的胜利。此后，中国革命就进入了以红色武装割据和土地革命为特征的苏维埃运动时期，也称土地革命时期。

8. 国民党开始丧失人心

与中国共产党决裂之后，中国国民党日益官僚化，与大众的关系日益紧张。

"清党"或"清共"，不仅伤害共产党，也伤害了国民党自身。谭平山说过："国共分家，共产党员固被清出，而国民党内部分化更形紧张。"[2] 随着共产党员被"清出"，国民党队伍失去活力，固有的思想混乱状态愈发加剧，可谓害人又害己。

国民党革新分子描写"大革命"后的国民党："民国 17 年以后，党与党员的关系便日益疏远，党在社会上的地位便日益低落，低落到使每一个党员都不敢在群众之前暴露他的面目，低落到使社会上一般洁身自爱的人，听到党这个名词便生厌倦。"[3]

由于党与党员脱节，党与民众疏离，国民党不仅缺乏社会基础，甚至缺乏党员基础。大多数党员只是挂名党员，与党组织不发生关系，只见党部活动，不见党员活动。党成了少数办党务吃党饭的人的党，而不是党员的党[4]。

中国国民党不是一个好党，这是 1927 年之后，中国知识界的普遍看法。

9. 马克思主义成为思想潮流

国民党与中共决裂后，没收、查禁有关马克思主义的书刊。可是，知识分子们却偏偏把阅读马克思主义书籍当做时髦。

“1928 年至 1932 年短短的时期中，除了普罗文学的口号外，便是唯物辩证法和唯物史观之介绍。这是新书业的黄金时代，在这时，一个教员或一个学生书架上如没有几本马克思的书总要被人瞧不起了。”

1930 年，很有名的自由派学者罗隆基说：“青年思想的左倾，红色刊物的增加，学校做共产领袖的训练所，书店做共产思想的媒介物，这是政府的飞机炸弹手枪快炮所不能动摇其毫末的。”[5] 甚至国民党理论家戴季陶都承认，马克思主义“在今天的世界思想界中”已经“取得一个领导的地位”[6]。

甚至一些国民党的学者，也由于国民党自己缺少理论工具，而使用一些马克思主义的思想方法。像有名的国民党理论家陶希圣，就采用过历史唯物论的方法研究社会问题。

那个时候，围绕中国社会性质、中国农村社会性质、中国古代社会性质，知识界展开了一场空前热烈的大讨论，甚至一些外国学者也参加了进来。讨论所采用的理论工具，就是马克思主义的理论。

这些情况表明，尽管共产党在政治上、军事上遭受了挫折，但它在思想理论上，非但没有失败，还更加深入人心了。

>> 20 世纪 30 年代出版的部分论述和运用马克思主义的进步著作

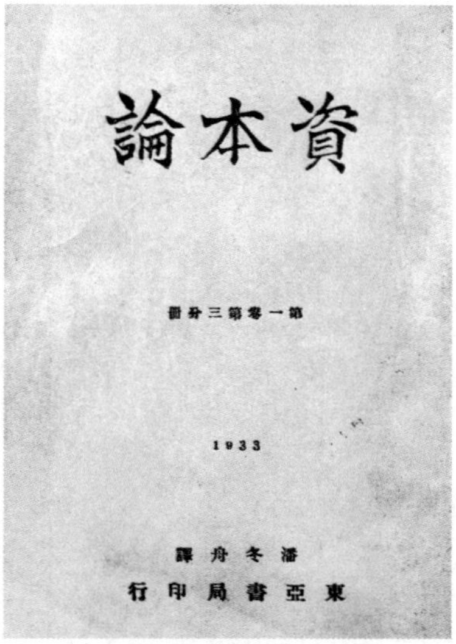

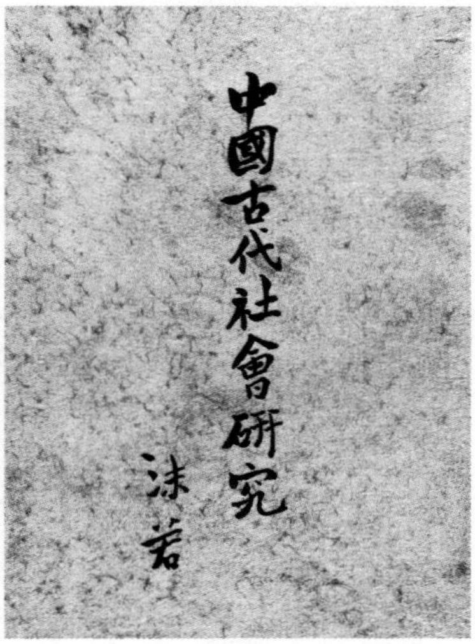

10. 开辟中国特色的民主革命道路

1927 年，中国共产党猝不及防地遭受了极其惨重的挫折，不得不转入地下。但是，就在此时，一批苦苦寻找救国救民真理的革命志士勇敢无畏地选择加入中国共产党。其中包括毛泽东的老师徐特立和一位叫贺龙的将军。

1927 年 8 月 1 日，中共领导了南昌起义，打响了武装反抗国民党反动派的第一枪，揭开了中国共产党独立领导武装斗争和创建革命军队的序幕。

1927 年 8 月 7 日，中共中央在汉口召开“八七会议”。会议确立了土地革命和武装反抗国民党的总方针。

毛泽东最初并不赞成暴力革命。1919 年，他在《湘江评论》的第一期《创刊宣言》中说：“用强权打倒强权，结果仍然得到强权。不但自相矛盾，而且毫无效力。”毛泽东后来讲：“我是一个知识分子，当一个小学教员，也没学过军事，怎么知道打仗呢？就是由于国民党搞白色恐怖，把工会、农会都打掉了，把五万共产党员杀了一大批，抓了一大批，我们才拿起枪来，上山打游击。”

八七会议后，中国共产党又举行了秋收

>> 1927 年 8 月 1 日，中国共产党在江西南昌举行武装起义，打响了武装反抗国民党反动统治的第一枪。图为南昌起义旧址——江西大旅社

起义、广州起义以及全国的几百次武装起义。这些起义是英勇的，但都相继失败了。秋收起义的领导人毛泽东正确地吸取了失败的教训，决定以反革命力量相对薄弱的农村地区作为革命工作的重点，发动农民进行土地革命，同时开展武装斗争，建设农村革命根据地。

1927 年 10 月，他率领秋收起义队伍的余部到达井冈山地区，创建了中国第一个农村革命根据地。

农村包围城市、武装夺取政权，这是毛泽东对中国革命道路的重要贡献。毛泽东的这一重要思想，标志着中国化的马克思主义即毛泽东思想的初步形成，反映了中国共产党人的首创精神，标志着中国革命新道路的开辟。

中国共产党在土地革命时期，建立全国性的民主政权，开展了轰轰烈烈的土地革命，开辟了许多根据地，多次打破国民党的军事“围剿”。但是，由于党的最高领导层内存在着严重的“左”倾思想和迷信共产国际派来的军事专家，中国革命还是遇到严重的困难。1934 年 10 月，中央红军没有粉碎国民党的第五次军事“围剿”，被迫离开中央根据地，开始了战略突围转移。这就是著名的二万五千里长征。

>> 1931 年 1 月 15 日，中共苏区中央局在中央苏区的宁都县黄陂成立。图为苏区中央局委员合影。左起：顾作霖、任弼时、朱德、邓发、项英、毛泽东、王稼祥

>> 遵义会议会址

11. 红军长征

长征途中，中共领导的红军继续遭受国民党军队的围追堵截，处在生死存亡的危急关头。这时候，毛泽东的关键作用再次发挥出来。尽管他并不是中共的最高领导人，但长期参加革命斗争的威望与经验，却使他拥有别人无可企及的影响力。1935 年 1 月，当遭受严重损失的红军长征队伍来到偏远的贵州省遵义城时，中共通过一次政治局扩大会议，确立了毛泽东的领导地位，他的正确的军事主张也得到贯彻。遵义会议成为中国共产党历史上一个生死攸关的转折点。

1935 年 10 月 9 日，红一方面军抵达陕北吴起镇。至此，中央红军的二万五千里长征胜利结束。1934 年 11 月开始长征的红二十五军于 1935 年 9 月到达陕甘，同原在陕甘苏区的红二十六、红二十七军合编为红十五军团，结束长征。1935 年 3 月开始长征的红四方面军与 1935 年 11 月开始长征的红二、六军团（后编为红二方面军）与 1936 年 10 月先后同红一方面军在甘肃会宁、宁夏静宁将台堡和兴隆镇会师。至此，红军长征胜利结束。

中国工农红军的长征是一部伟大的革命英雄主义的史诗。它向全中国和全世界宣告，中国共产党及其领导的人民军队，是一支不可战胜的力量。红军长征，铸就了伟大的长征精神：就是把全国人民和中华民族的根本利益看得高于一切，坚定革命的理想和信念，坚信正义事业必然胜利的精神；就是为了救国救民，不怕任何艰难险阻，不惜付出一切牺牲的精神；就是坚持独立自主、实事求是，一切从实际出发的精神；就是顾全大局、严守纪律、紧密团结的精神；就是紧紧依靠人民群众，同人民群众生死相依、患难与共、艰苦奋斗的精神。长征精神，是中国共产党人和人民军队革命风范的生动反映，是中华民族自强不息的民族品格的集中展示，是以爱国主义为核心的民族精神的最高体现。长征精神为中国革命不断从胜利走向胜利提供了强大的精神动力。

美国记者哈里森·索尔兹伯里在 1986 年出版的《长征——前所未闻的故事》中说：“阅读长征的故事将使人们再次认识到，人类的精神一旦唤起，其威力是无穷无尽的。”

长征一结束，中国革命的新局面就开始了。

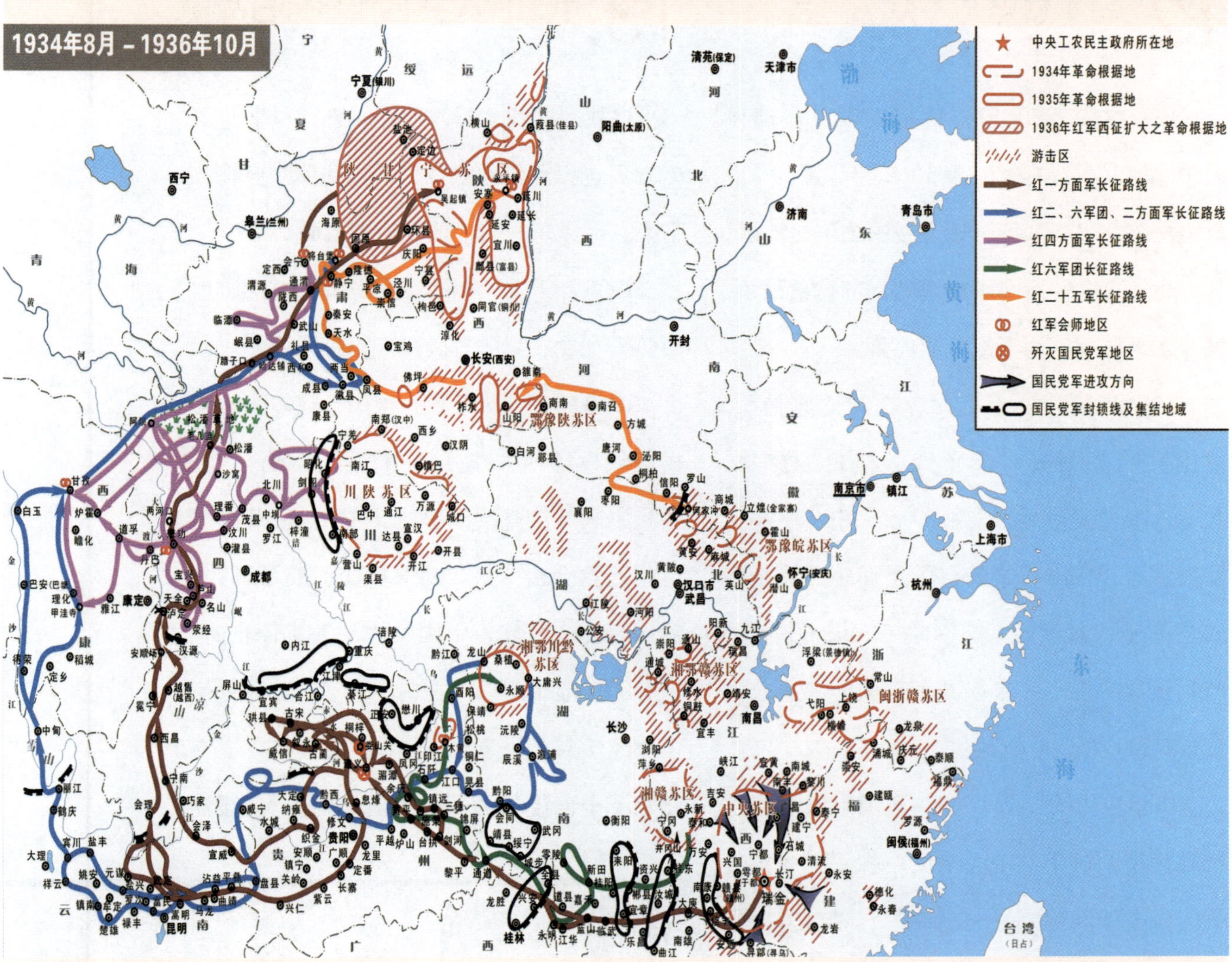

>> 中国工农红军长征路线示意图

12. 日本侵略与《八一宣言》

1931年9月18日，日本发动了侵略中国东北的九一八事变。到1932年2月，东北全境沦陷，日本随即开始入侵中国华北地区。

九一八事变后中国出现的局部抗日战争，揭开了世界反法西斯战争的序幕。

在中华民族处于生死存亡的危急关头，中国共产党率先举起了武装抗日的旗帜。九一八事变发生后，9月20日，中共中央即发表宣言，揭露日本的目的是使中国完全变成它的殖民地。1932年4月15日，中国共产党领导的中华苏维埃共和国临时中央政府宣布对日作战。

1935年8月1日，驻共产国际的中国共产党代表团以中共中央名义草拟了《为抗日救国告全体同胞书》，史称《八一宣言》，号召全国同胞团结起来，停止内战，抗日救国，组织全国统一的国防政府和抗日联军。宣言于10月1日在巴黎《救国时报》正式发表，后辗转传入国内。

当时，燕京大学教授张东荪率先发表文章，认为《八一宣言》是中国共产党政策转向的标志，他欢呼："这是何等转向，这个转向是何等光明！我们对于这样勇敢的转向又应予何等佩服！"

13. 第二次国共合作与抗日战争

中共到达陕北后，一方面进行军事斗争，一方面进行理论宣传工作，逐步将局面稳定下来。毛泽东的领袖地位得到巩固。

1936年8月，日本法西斯军人控制的广田弘毅内阁加快了全面侵略中国的步伐。

1936年12月12日，国民党将领张学良、杨虎城发动西安事变，扣押了蒋介石。张、杨和中国共产党共同努力，迫使蒋介石答应与共产党一起抗日。西安事变促成了国共第二次合作。从此，中国的内战基本停止，全民抗日的局面基本形成。

1937年7月7日，日本挑起卢沟桥事变，开始了全面侵华战争，中国从此进入全国性

>> 中国共产党领导下的东北抗日联军战士在林海雪原中坚持抗日战争

抗战时期。国民党在正面战场，中国共产党在敌后战场，互相配合，坚持抗日。在国际反法西斯阵营的支持下，经过八年持久抗战，中国人民最后赢得了抗日战争的完全胜利，不仅把日本侵略军彻底赶出了中国领土，还收回了被日本占领50年之久的台湾以及澎湖列岛。

截止到1945年8月日本战败，在八年当中，中国军民伤亡3500多万人。按照1937年的币值折算，中国直接经济损失1000多亿美元，间接损失5000多亿美元。

中国人民抗日战争，是近代以来中华民族反抗敌人入侵第一次取得完全胜利的民族解放战争，是20世纪中国和人类历史上的重大事件，是中华民族走向民族复兴的重要里程碑，是中华民族大觉醒、同仇敌忾和国共合作共同取得的胜利。

>> 1937年9月，陕甘宁革命根据地改称陕甘宁边区，辖23个县，人口150万，首府延安是中共中央所在地。图为当时的延安一角

14. 中国与世界的正义力量在一起

中国的抗日战争，是世界反法西斯战争的重要组成部分，是世界反法西斯战争的东方主战场，为世界反法西斯战争的胜利做出了重要贡献。

中国的局部抗战在 1931 年九一八事变后即已开始。从 1937 年 7 月开始到 1939 年 9 月二次大战在欧洲爆发之前，当英、美、法对德、意、日法西斯联盟实行绥靖政策的时候，中国人民孤军奋战，英勇抗击了百万日军的进攻。德军进攻苏联后，中国的抗战牵制和削弱了日本的力量，使之不敢贸然北进，从而使苏联得以集中兵力对付德国，避免东西两面作战；同时也使日本发动太平洋战争之后，由于兵力不足而不能全力南进，从而减轻了美、英军队受到的压力。

在抗日战争时期，中国战场平均牵制日本陆军的 74% 以上，最高年份达 90% 以上。日军在海外作战中损失的 287 万人中，有 150 万人伤亡在中国战场。

中国坚持持久抗战，抗击和牵制着日本陆军主力，大大减轻了其他反法西斯战场的压力，为同盟国军队实施战略反攻创造了有利条件。苏联元帅崔可夫说："甚至在我们最艰苦的战争年代里，日本也没有进攻苏联，却把中国淹没在血泊中，稍微尊重客观事实的人都不能不考虑到这一明显而无可争辩的事实。"美国总统罗斯福说："假如没有中国，假如中国被打垮了，你想一想有多少师的日本兵可以因此调到其他方面来作战？"其后果是不堪设想的。

中国作为亚洲太平洋地区盟军对日作战的重要后方基地，还为盟国提供了大量战略物资和军事情报。

总之，中国是全世界参加反法西斯战争

西北文化日報

中華民國二十五年十二月十三日

全國民衆迫切要求

爭取中華民族生存

張楊昨發動對蔣兵諫

通電全國發表救國主張八項

改組南京政府容納各黨各派

卅萬民衆歡騰鼓舞擁護民族解放運動

救亡領袖 ◀張學良將軍▶

救亡領袖 ◀楊虎城將軍▶

張楊等通電全國 ▲發表救國主張

西安各救亡團體 昨召開……

>> 1936 年 12 月 12 日，东北军将领张学良和西北军将领杨虎城对正在西安"督剿"红军的蒋介石发动兵谏，史称西安事变。图为 12 月 13 日《西北文化日报》的报道

>> 1937 年，加拿大医生诺尔曼·白求恩(1890～1939)率医疗队支援中国抗战。1939 年 11 月，白求恩在救治八路军伤员时不幸受病菌感染而牺牲。图为白求恩在前线为八路军伤员做手术

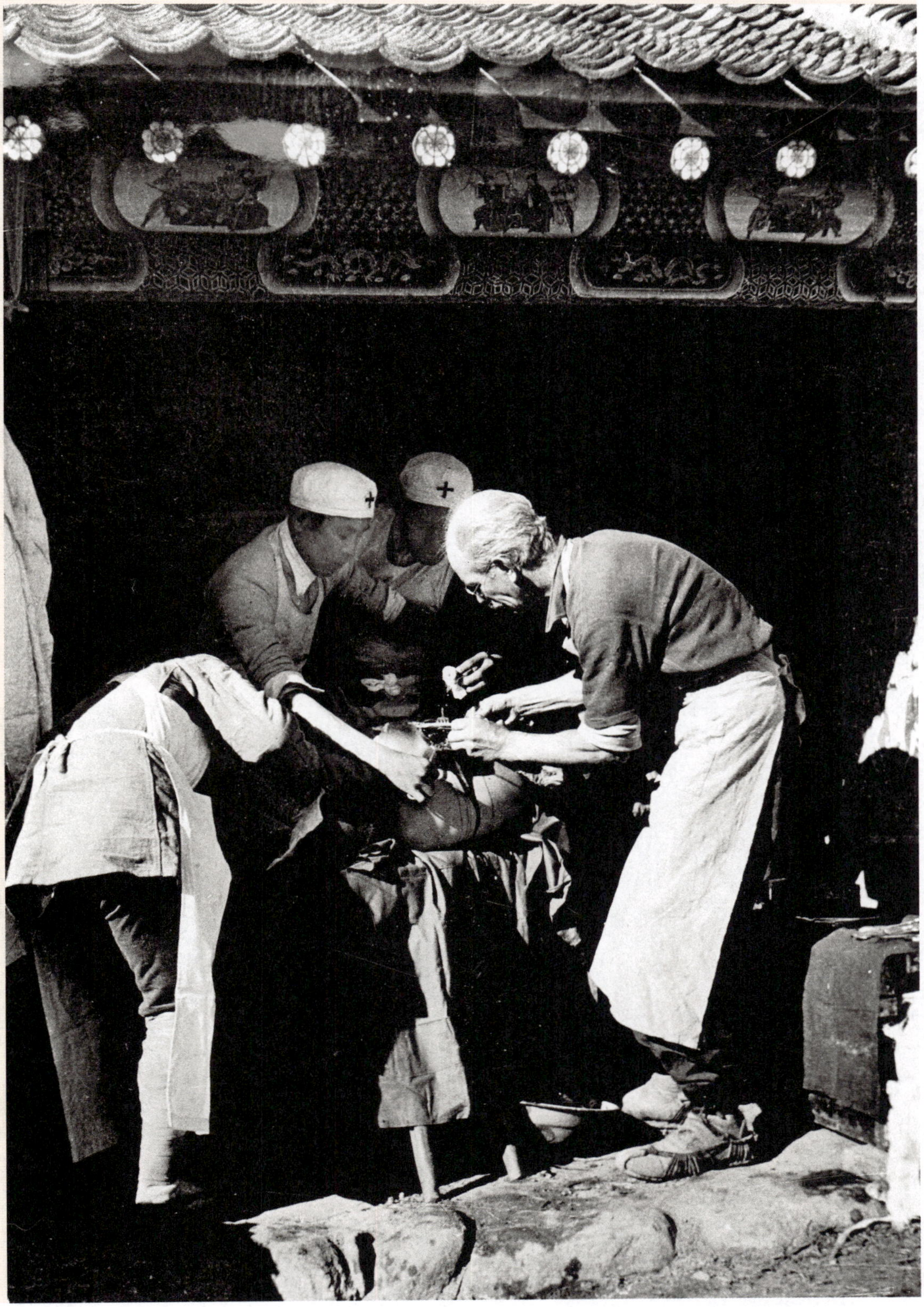

的五个最大的国家之一，是在亚洲大陆上反对日本侵略者的主要国家。中国在抗日战争中，为了自己的解放，为了帮助各同盟国，付出了巨大的牺牲，做出了伟大的贡献。

与此同时，中国人民抗日战争的胜利，是同世界所有爱好和平与正义的国家和人民、国际组织及各种反法西斯力量的同情和支持分不开的。

苏联是最早为中国抗日提供援助的国家。抗战后期，苏联红军开赴中国东北对日军作战，许多苏联官兵在中国英勇献身。

太平洋战争爆发后,美国采取了支持中国、联合中国共同抗日的政策。美国陆军航空退役军官陈纳德组建美国志愿航空队（即“飞虎队”），来华参加对日作战，取得重大战果。

英国、法国等国也向中国提供了经济援助或军事支持。朝鲜、越南、加拿大、新西兰、波兰、丹麦以及德国、奥地利、罗马尼亚、保加利亚、日本等国的反法西斯战士直接参加了中国人民抗日战争。1939 年 11 月，加拿大共产党员诺尔曼·白求恩在抢救八路军伤员时感染病菌，为中国人民解放事业献出了生命。同时,中国军队在缅甸等地战斗中,极大地支持了英国等盟国部队。中国民众还救助了大量流失在中国的盟国战士，留下许多感人的故事。

>> 1943 年 11 月 23 ~ 26 日，中、美、英三国政府首脑在埃及开罗举行会议，商讨对日作战的有关问题。图从左至右为参加会议的蒋介石、罗斯福、丘吉尔

>> 1945 年 8 月 28 日，毛泽东、周恩来、王若飞（右一）赴重庆。离开延安机场前，同专程由重庆飞抵延安迎接的美国驻华大使赫尔利和国民党政府代表张治中（左一）合影

15. 中国共产党的七大与毛泽东思想指导地位的确立

在抗日战争胜利前夕，1945 年 4 月 23 日至 6 月 11 日，中国共产党第七次全国代表大会在延安举行。七大将以毛泽东为代表的中国共产党人把马克思主义基本原理同中国具体实际相结合所创造的理论成果，正式命名为毛泽东思想，并将毛泽东思想规定为中国共产党的一切工作的指针。刘少奇在大会的报告中指出，毛泽东思想就是中国的共产主义，中国的马克思主义。它完全是马克思主义的，又完全是中国的。这是中国民族智慧的最高表现和理论上的最高概括。

七大是中国共产党在民主革命时期召开的最后的也是最重要的一次代表大会。它以“团结的大会，胜利的大会”载入中国共产党的史册。

>> 图为中共七大会场

16. 和平建国努力的失败和解放战争

抗战结束后，中国人民沉浸在对和平美好生活的憧憬之中。中共提出“和平、民主、团结”的方针，希望在国民党承认中共合法地位的前提下与国民党组建联合政府。为争取和平民主，毛泽东不顾个人安危，于1945年8月28日偕周恩来、王若飞赴重庆与国民党进行谈判。10月10日，双方签署《政府与中共代表会谈纪要》，即“双十协定”，确认和平建国的基本方针，同意“长期合作，坚决避免内战”。

1946年1月10日，政治协商会议召开。中共与民主党派一起努力，同国民党认真协商，达成改组国民党一党政府等五项协议。中共决心严格履行政协协议。在政协会议召开时，毛泽东指出，“中国和平民主新阶段，即将从此开始”。政协会议闭幕后的第二天，中共中央发出党内指示，指出“从此中国走上了和平民主建设的新阶段”，“中国革命的主要斗争形式，目前已由武装斗争转变到非武装的群众的与议会的斗争，国内问题由政治方式来解决。党的全部工作，必须适应这一形势”，全党要“准备为坚决实现（政协的）这些决议而奋斗”。

但是，国民党政权既不能容忍，也经受不住任何的民主改革。后来担任美国国务卿的艾奇逊在其回忆录中说，国民党“愈来愈流露出这样一种信念：追求统一和民主的中国，他们就丧失一切”。因此，国民党从来没有准备去履行政协协议。

全面内战爆发前夕，1946年6月19日，中共中央在党内指示中还说：“蒋介石准备大打，恐难挽回；大打后，估计六个月内外时间如我军大胜，必可议和；如胜负相当，亦

>> 1948年，中国福利基金会领导人宋庆龄检查该会募集的运往解放区的医疗器械

可能议和；如蒋军大胜，则不能议和。因此，我军必须战胜蒋军进攻，争取和平前途。”

中国共产党争取和平建国的努力，未能阻止全面内战的爆发，但增进了社会各界对中国共产党的了解，争取了广泛的同情和支持。中共代表团在返回延安时，代表团成员李维汉在当天的日记中写道：“国共谈判破裂了，但我党满载人心归去。”

1946 年 6 月底，国民党以进攻中原解放区为起点，挑起了全国性的内战，中共被迫自卫应战。

为粉碎国民党的军事进攻，中国共产党与人民群众亲密合作，争取一切可以争取的人，建立了最广泛的人民民主统一战线。军事上，采取集中优势兵力、各个歼灭敌人的原则，经过不到 3 年时间，就从军事上打败了南京国民党政府。1949 年 4 月 23 日，人民解放军占领南京，宣告延续了 22 年之久的国民党大陆统治的覆灭。到 1950 年，基本上解放了中国大陆全境。

>> 图为 1949 年 4 月 24 日解放军占领南京的中华民国总统府

17. 没有共产党，就没有新中国

中国新民主主义革命的胜利不是偶然的，它有着深刻的社会根源和雄厚的群众基础。中国共产党作为工人阶级的政党，不仅代表着中国工人阶级的利益，而且代表着整个中华民族和全中国人民的利益。中国共产党能够制定出适合中国情况的、符合中国人民利益的纲领、路线和政策。

工人、农民、城市小资产阶级群众是民主革命的主要力量。在他们中间，涌现出无数赤胆忠心的英雄模范人物。随着斗争的发展，民族资产阶级也逐步向中国共产党靠拢，这种现象曾经被人称作是“开万国未有之奇”。

各民主党派和无党派民主人士、各少数民族、爱国的知识分子和华侨等，都在斗争中发挥了积极的作用。伟大的爱国者宋庆龄、文化革命的主将鲁迅、国民党左派领袖何香凝等，即使在最艰苦的年代，也始终坚持革命的立场，与共产党站在一起。邓演达、李公朴、闻一多等，在反独裁、争民主的斗争中献出了自己的生命。民主党派的领导人李济深、张澜、沈钧儒、黄炎培等，爱国侨领陈嘉庚、司徒美堂等，也都先后成为共产党的亲密朋友。

中国革命能够赢得胜利，同国际无产阶级和人民群众的支持也是分不开的。

中国共产党人在革命斗争过程中始终英勇地站在斗争的最前线。自 1921 年创建至 1949 年中华人民共和国成立这 28 年的时间里，中国共产党为中国人民的解放事业献出了无数的优秀战士，有名可查的党员烈士达数十万名。

中国共产党人以行动表明了自己是最有远见，最富于牺牲精神，最坚定，而又最能体察民情并依靠群众的坚强的革命者，从而赢得了广大中国人民的衷心拥护。这一点，甚至也得到了来自国民党营垒的一些人士的肯定。

>> 图为晋察冀解放区的农民热烈拥护中国共产党的土地政策

18. 中国共产党成功地获得了农民的支持

中国是农业大国，农民人口众多，占人口的大多数，获得农民的支持对革命的成功具有关键性的意义。

1965 年 8 月 3 日，毛泽东在与法国总统戴高乐的特使马尔罗交谈时，马尔罗问："我认为在毛主席之前没有任何人领导过农民革命获得胜利。你们是如何启发农民这么勇敢的？"毛泽东回答："这问题很简单。我们同农民吃一样的饭，穿一样的衣，使战士们感受到我们不是一个特殊阶层。我们调查农村阶级关系，没收地主阶级的土地，把土地分给农民。"[7]

中国共产党人充分尊重农民的各项民主权利。毛泽东在抗日战争期间说："在今日，谁能领导人民驱逐日本帝国主义，并实施民主政治，谁就是人民的救星。"[8]一个美国记者说："不管共产党人距离完善的民主还有多么遥远……但是共产党毕竟唤醒了千百万中国农民，使他们认识到自己有权选举官员，从而向民主迈进了巨大的一步。"[9]

中国共产党通过解决农民土地问题，获得了战胜一切敌人的最基本的条件。诚如毛泽东在解放战争后期所言："我们已经在北方约有一亿六千万人口的地区完成了土地改革，要肯定这个伟大的成绩。我们的解放战争，主要就是这一亿六千万人民打胜的。有了土地改革这个胜利，才有了打倒蒋介石的胜利。"

美国著名记者埃德加·斯诺认为，"共产党之所以胜利是因为他们实行平均地权，并让农民在斗争中享有经济实惠。正是在这个基础上，他们之间建立了一个政治联盟。由于有了这样的联盟，他们开展了群众运动"。

韩丁的《翻身——一个中国村庄的革命纪实》，分析了土改对农民的"翻身"意义。韩丁说："对于中国几亿无地和少地的农民

>> 中国人民解放战争得到了解放区亿万人民的支援。东北翻身农民组织万人担架队随军入关。图为整装待发的担架队

来说，这意味着站起来，打碎地主的枷锁，获得土地、牲畜、农具和房屋。但它的意义远不止于此。它还意味着破除迷信，学习科学；意味着扫除文盲，读书识字；意味着不再把妇女视为男人的财产，而建立男女平等关系；意味着废除委派村吏，代之以选举产生的乡村政权机构。总之，它意味着进入一个新世界。”[10]

>> 图为国民党统治区饥民挣扎在死亡线上的凄惨景象

>> 1946年11月15日至12月25日，国民党在南京召开了违背政协协议、一党包办的“国民大会”（即“制宪国大”）。图为会议现场

19. 1927 年以后国民党在大陆的统治

1927 年，南京国民政府建立后，为统一全国，继续进行北伐。1928 年 12 月 29 日，张学良在东北宣布“遵守三民主义，服从国民政府，改易旗帜”。这样，国民党从形式上统一了全国，实现了对全国范围的统治。

南京政权相比于晚清王朝和北洋军阀政府，在某些地方推进了中国的发展。它进行过建国的努力，在维护民族独立和国家主权方面也做了许多工作。1927 ~ 1936 年中国经济得到一定发展，出现了所谓的“黄金十年”。1943 年，中国政府与英、美订立新约，废除了外国在中国包括领事裁判权在内的种种特权。

在八年抗战中，中国国民党领导了抗日战争的正面战场，组织了淞沪、忻口、徐州、武汉等一系列大战役。1938 年 3 月台儿庄大战中，歼灭日军 1 万余人。国民党军队中的爱国将领，表现了空前的民族义愤和抗战热情，张自忠、佟麟阁、赵登禹等高级将领为国捐躯。

但是，国民党统治大陆时期，中国社会的半殖民地半封建社会性质没有改变，半殖民地化还进一步加深了。

1927 年国民党在全国建立统治后，官僚买办资本，作为中国的垄断资本，利用国家政治特权，通过垄断金融、从事大规模的商业投机活动、对工业实行垄断性的掠夺，急剧地膨胀起来。中国的买办资产阶级发展成为官僚资产阶级，控制了国家政权，成为中国生产力发展的严重障碍。

到抗战前夕，外国资本不仅垄断了中国的重工业、交通运输业，而且控制了中国的财政、金融以及若干主要轻工业。封建的土地剥削制度不仅没有被消灭，反而愈发严重。

因此，国民党统治大陆期间，特别是在抗日战争爆发之前，虽然也在国家建设方面做过一些努力，但总的来说没有改变中国灾难深重的局面，有的地方还更加严重了。

20. 国民党在大陆的失败

中国国民党在建立南京政权后，实行一党专政和军事独裁统治。国民党的党徒宣传，“一个国家的政治，与其由民主的虚名而陷于腐败、没落，当然不如由一个才干和道德高尚的领袖去执行独裁”。

为了建立一党专政的军事独裁统治，国民党建立了庞大的军队，还建立了由“中统”和“军统”组成的全国性庞大特务系统，绑架或暗杀革命者和异己分子。1935 年 11 月，平津十校学生自治会发表宣言揭露：国民党在南京“奠都以来，青年遭受杀戮者，报纸记载至三十万人之多，而失踪监禁者更不可胜计。杀之不快，更施以活埋；禁之不足，复以毒刑。地狱现象，人间何世”？国民党还在全国推行保甲制度，禁锢人民，厉行文化专制主义。

抗战后期，国民党政府由于专制独裁和官员的贪污腐败、大发国难财，在大后方就已经严重丧失人心。抗战胜利后，更是出现

>> 图为 1948 年 5 月，上海小学教师为反饥饿举行罢教并在市教育局门前示威

了全面的、公开的贪污腐败局面，连一名国民党接收官员也向蒋介石进言:“像这样下去，我们虽已收复了国土，但我们丧失了民心。”

更重要的是，抗战结束之后，国民党违背人民迫切要求休养生息、和平建国的意愿，执行反人民的内战政策。为筹措内战经费，除向人民征收沉重的捐税以外，还无限制地发行纸币。1948 年 8 月，法币发行额比 1937 年抗战前增发 47 万多倍，而物价跃至 7255862 倍。恶性通货膨胀一次又一次使人民遭到洗劫。仅 1947 年，全国各地饥民就达 1 亿人以上。

美国前驻华大使司徒雷登认为 :“从国民党获取政权那天起，各级官员就受贿、贪污，人浮于事、效率低下、乱搞裙带关系、大行派系斗争等现象就没停止过。国民党推翻了腐败的军阀政权，却也把那些政权的恶劣行径继承下来。日本宣布投降以后，国民党试图通过集合军队力量和派遣秘密警察的方式击溃共产主义，但在国民党内部，腐败现象却没有一丝收敛。国民党正日益失去民众的支持和尊敬。”[11]

国民党在大陆的失败，关键在于违背了人民的愿望，失去了民众的支持。1989 年 6 月 1 日，原国民党将领张学良在接受访谈时回顾历史说 :“共产党有人心，我们没人心。”

>> 图为国民党统治区物价飞涨，人们带着大捆钞票抢购生活用品

21. “中间道路”的幻灭

一些从事科学、教育的知识分子和经营工商业的实业家，认识到近代中国落后的一个重要原因就是科学、教育和实业落后，因此他们提出了“科学救国”、“教育救国”、“实业救国”的口号。他们全心投身于中国的教育、科学事业和实业经营中，促进了近代中国教育、科学事业和民族资本主义工商业的发展。但由于中国社会黑暗，战乱频仍，他们指望通过振兴科学、教育和实业来救国只能是一种梦想。

>> 1946年7月，国民党特务在昆明暗杀了爱国民主人士李公朴、闻一多，遭到全国人民强烈谴责。图为设在上海静安寺的李公朴、闻一多追悼会灵堂

民族资本主义是近代中国一种进步的生产关系，在洋务运动时期出现，在辛亥革命后曾经有过一定发展。在国民党统治大陆时期，中国民族资本主义在国民经济中所占比重很小，始终没有成为中国社会经济的主要形式。在外国资本的压迫、官僚资本的排挤、封建生产关系的束缚和军阀官僚政府的压榨下，中国民族资本主义艰难地发展着。“中国民族资本在它积累的最高峰的时候，不过七十多亿元(1936年币值)，合二十多亿美元，而当时帝国主义在中国的资本估计达四十二亿八千万美元，比民族资本大一倍以上。稍后，官僚资产阶级所积累的财产达一百到二百亿美元，比民族资本大四倍至九倍。”[12]

中国民族资本主义是在半殖民地半封建社会条件下艰难地生长起来的，具有以下几个特点：第一，在国民经济中所占比重很小，始终没有成为中国社会经济的主要形式；第二，在民族工业中，工业资本所占的比重小，商业资本和金融资本所占的比重大；第三，民族资本主义工业主要是以纺织、食品工业为主的轻工业，缺乏重工业的基础，严重依赖外国垄断资本和本国官僚资本；第四，民族资本所经营的工业，规模小，经营分散，技术装备落后，劳动生产率低；第五，与封建势力有千丝万缕的联系。

上述特点决定了近代中国无法独立地发展资本主义，也决定了中国民族资产阶级具有动摇性和革命性的双重特点。

民族资产阶级在政治上始终没有占据统治地位，但有着很大的重要性。他们具有爱国的立场，不少人还掌握着发展生产所需要的生产技术和管理经验，在社会上有相当大的影响力，曾经在一定程度上发展了现代工业，形成了民族市场，传播了资产阶级文化，成为中国民主革命的一支政治力量，是中国共产党不能忽视的政治盟友。

民主党派抗战后期在中国政治舞台上开始发挥作用。抗战胜利后，更加活跃。抗战胜利前后，中国又出现一股“组党”风。黄炎培、章乃器、胡厥文等组建了民主建国会，马叙伦、王绍鏊等组成了民主促进会，等等。在进行国共谈判和召开政协会议时，民主党派作为“第三方面”，在推动国共谈判上发挥了积极作用。

在这种情况下，一些民主党派的领导人高谈“中间路线”或“第三条道路”，也就是资产阶级共和国的道路。他们认为，国民党不能用武力消灭共产党，共产党也不能用武力消灭国民党，这就为实行中间路线提供了千载一时的机会。

他们主张，政治上“必须实现英美式的

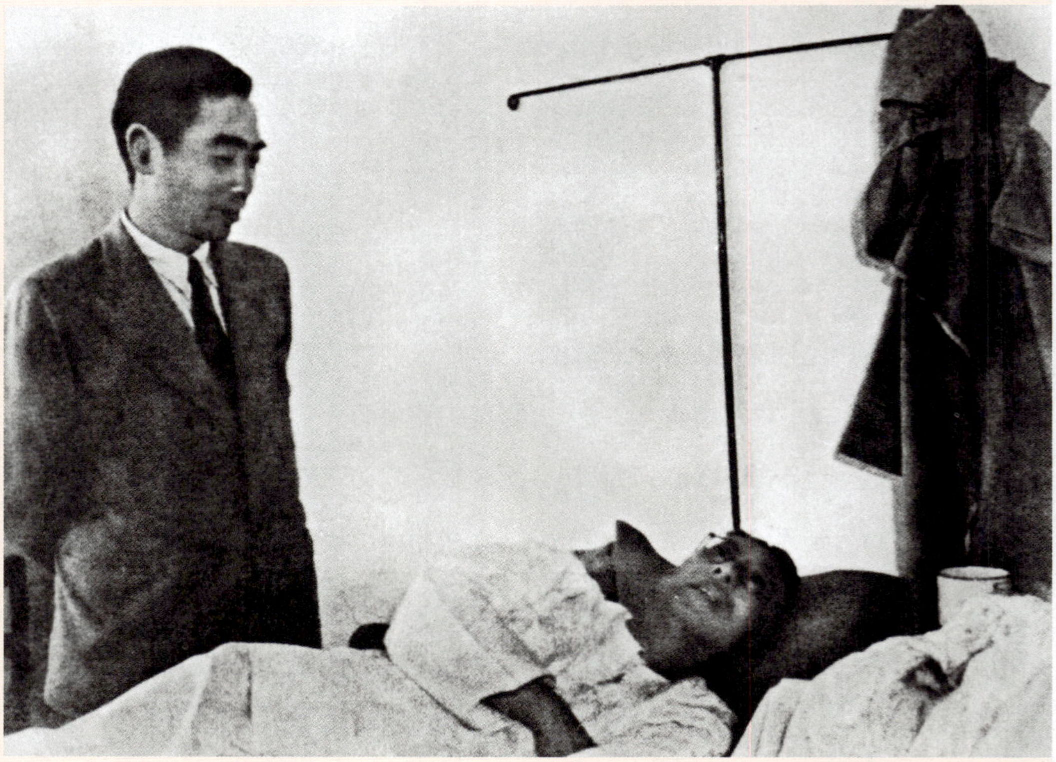

>> 1946年6月23日，从上海赴南京向国民党政府呼吁制止内战的和平请愿团代表们抵达南京下关火车站后，遭到预伏的国民党特务的围攻殴打。图为中国共产党领袖周恩来赶赴医院慰问受伤的代表团团长马叙伦

>> 图为从香港经海路进入东北解放区的民主人士与中共有关方面负责人在哈尔滨合影。前排左起：1.刘宁一，2.谭平山，3.沈钧儒，4.李德全（女），5.蔡廷锴。后排左起：2.朱学范，3.章伯钧

民主政治”，但不准地主官僚资本家操纵；经济上，“应当实行改良的资本主义”，但不容许官僚买办资本横行。实行的方法是走和平的改良的道路。

但是，客观形势决定了在中国没有走中间路线的余地。持有中间路线想法的人们一接触到实际斗争，尤其是内战重起后，要么跟随国民党，要么靠近共产党。

国民党当局不仅仇视中共，对民主党派、民主人士也充满敌意。尽管民盟等一向主张“以民主的方式争取民主，以合法的行动争取合法的地位”，国民党当局还是不断以暴力对他们施行迫害。李公朴、闻一多、杜斌丞等相继被杀害。民盟地方组织的许多成员被逮捕、绑架、屠杀，所办的多家报社也被捣毁或遭袭击。1947 年 10 月，国民党宣布民盟为“非法”。民盟希望美国大使司徒雷登能够从中斡旋，但司徒雷登直截了当地劝民盟“光荣解散”。同年 11 月 6 日，民盟被迫宣布解散。

新华社对民盟解散发表评论说：“民主同盟是一个赤手空拳的组织，他们连‘一支枪也没有’，并且不打算有，他们的凭借是言论、出版，而这样的武器也早已被蒋介石没收了。”

22. 进步民主人士和共产党站在一起

中国各民主党派的政纲不尽相同，但都主张爱国、反对卖国，主张民主、反对独裁，这与共产党的主张一致。因此，民主党派大多同中国共产党建立了不同程度的合作关系，并在反对国民党一党独裁的斗争中发展了这种关系。中共领导人毛泽东、周恩来等还同民主党派的领导人建立了良好的个人关系。

各民主党派和无党派民主人士的绝大多数人，经过实践的教训，确信中国共产党关于通过建立人民共和国走向社会主义的政治主张是正确的。中国共产党领导的多党合作和政治协商制度，就是在这个基础上形成的。中国这种崭新的政党制度，符合中国历史发展规律和中国人民的根本利益，也符合各民主党派和无党派民主人士的意愿。

1948 年 1 月，民盟在香港召开民盟一届三中全会，宣布恢复民盟总部，宣告“决不能在是非曲直之间有中立的态度”，指出独立的中间路线是“行不通的”，民盟必须站在人民的、民主的、革命的立场，为彻底推翻国民党统治集团，消灭封建土地所有制，实现人民的民主而奋斗。

同年同月，中国国民党革命委员会举行成立大会，宣布，“本会当前之革命任务为推翻蒋介石卖国独裁政权，实现中国之独立、自由、

>> 1949年9月19日，毛泽东邀请部分民主人士和同志游天坛。图为在祈年殿前的合影。左起：粟裕、刘伯承、李明扬、李明、毛泽东、陈明仁、张元济、陈毅、程潜

民主与和平”。

1948 年 4 月 30 日，中共中央发布《纪念五一劳动节口号》，提出“各民主党派、各人民团体及社会贤达，迅速召开政治协商会议，讨论并实现召集人民代表大会，成立民主联合政府”。各民主党派先后发表了响应和拥护中共号召的宣言或声明。

1949 年 1 月 22 日，李济深、沈钧儒、马叙伦、郭沫若、谭平山等民主党派的领导人和著名的无党派民主人士 55 人联名发表《对时局的意见》，一致认定中共提出的关于召开政治协商会议、成立联合政府的主张，“符合于全国人民大众的要求”，恳切表示“愿在中共领导下，献其绵薄，以期中国人民民主革命迅速成功，独立、自由、和平、幸福的新中国之早日实现”。

民主党派参加新政协并将在新中国参政，标志着民主党派地位的根本变化。它们不再是国民党统治时期的在野党，而是成为人民民主专政的参加者，在中国共产党的领导下，和共产党一起担负起管理国家和建设国家的历史重任。从此，各民主党派走上了新的历史道路。

1. 吴玉章：《回忆五四前后我的思想转变》，《吴玉章回忆录》，第 111 页。
2.《谭平山文集》，人民出版社 1986 年版，第 467 页。
3. 贺岳僧：《党的腐败原因之分析》（一），《革新周刊》第 1 卷第 3 期，1946 年 8 月。
4. 贺岳僧：《再论革命与除腐》，《革新周刊》第 1 卷第 22 期，1946 年 12 月。
5. 罗隆基:《论中国的共产: 为共产问题忠告国民党》,《新月》月刊第 3 卷第 10 期，1930 年。
6. 戴季陶：《行易知难》。
7.《毛泽东传（1949 ~ 1976）》（下），中央文献出版社 2003 年版，第 1393 ~ 1394 页。
8.《毛泽东选集》第 2 卷，人民出版社 1991 年版，第 674 页。
9.（美）杰克·贝尔登：《中国震撼世界》，北京出版社 1980 年版，第 107 ~ 108 页。
10. 韩丁：《翻身——一个中国村庄的革命纪实》，北京出版社 1980 年版。
11.（美）司徒雷登：《在华五十年》，海南出版社 2010 年版，第 224 ~ 225 页。
12. 转引自沙健孙主编：《中国共产党和资本主义、资产阶级》（上），山东人民出版社 2005 年版，第 31 页。

1949

中编

1978

1949 年 10 月 1 日，中华人民共和国中央人民政府宣告成立，中国人民实现了梦寐以求的民族独立和人民解放，开始行使当家做主的权利。毛泽东在中国人民政治协商会议第一次全体会议上说："我们的民族将从此列入爱好和平自由的世界大家庭，以勇敢而勤劳的姿态工作着，创造自己的文明和幸福，同时也促进世界和平和自由。我们的民族将再也不是一个被人侮辱的民族了。我们已经站起来了。"

刚刚获得新生的中国，是一个非常落后和贫困的国家。中国人把当时的情况叫做"千疮百孔的烂摊子"。

那时，中国的绝大部分家庭没有电灯，而是使用油灯，连蜡烛都是奢侈品。许多妇女是缠过足的。人们普遍穿着补丁衣服，许多人吃不饱饭。

但是，中国人的精神却格外振奋，整个国家沉浸在意气奋发、蓬勃向上的状态之中。一种获得翻身解放的喜悦之情，洋溢在整个国家的上空。

到了 1978 年实行改革开放前夕，经过近 30 年的建设，中国在工业、农业、国防和科学技术等领域都取得了一定的成绩，基本建立了独立的、比较完整的工业体系和国民经济体系，某些方面还取得了令世界瞩目的巨大成就，人民生活水平也有不同程度的改善，文化水平普遍提高。由于 1957 年以后"左"的思想的干扰，中国的社会主义建设经历了严重的曲折。尽管这样，中华人民共和国成立后前 29 年的发展，为当代中国一切发展进步奠定了根本政治前提和制度基础，为社会主义建设积累了重要的经验。

第三章

1949-1978

中华人民共和国的成立，是人类历史上的伟大事件。它标志着近代中国反帝反封建斗争的最后胜利，开启了中华民族伟大复兴的历史新纪元。从此，一个独立、统一、人民当家做主的新中国屹立于世界的东方。1949—1978年，是社会主义革命与建设时期。

这一时期，中国共产党紧紧依靠人民，创造性地实现了由新民主主义到社会主义的转变，确立了社会主义基本制度，使占世界人口四分之一的东方大国进入社会主义社会，实现了中国历史上最广泛最深刻的社会变革。中国共产党团结带领全国人民进行了社会主义建设，为中国发展打下了牢固的物质基础，积累了在中国这样一个社会生产力水平十分落后的东方大国进行社会主义建设的重要经验。

>> 各地群众纵情欢庆中华人民共和国成立。图为上海市百万群众游行庆祝新中国诞生

1. 建立中华人民共和国

随着军事上的节节胜利，建立新中国的任务被提上议事日程。

1949 年 6 月 30 日，毛泽东发表《论人民民主专政》一文，明确指出：人民民主专政需要工人阶级的领导；中国必须利用一切于国计民生有利而不是有害的城乡资本主义因素，团结民族资产阶级。

9 月 21 日，中国人民政治协商会议第一届全体会议在北平中南海怀仁堂隆重开幕，参加会议的代表共 662 人。

新政协筹备会主任、中共中央主席毛泽东在开幕词中向全世界豪迈地宣告："我们的工作写在人类的历史上，它表明：占人类总数四分之一的中国人从此站立起来了。"

宋庆龄在中国人民政治协商会议第一次全体会议上发言说："我们达到今天的历史地位，是由于中国共产党的领导。这是唯一拥有人民大众力量的政党。孙中山先生的民族、民权、民生主义的胜利实现，因此得到了最可靠的保证。"

大会通过了全国人民的大宪章——《中国人民政治协商会议共同纲领》。

《共同纲领》规定："中华人民共和国为新民主主义即人民民主主义的国家，实行工

>> 1949 年 6 月 15 日至 19 日，新政治协商会议筹备会首次会议在北平召开。图为会议现场

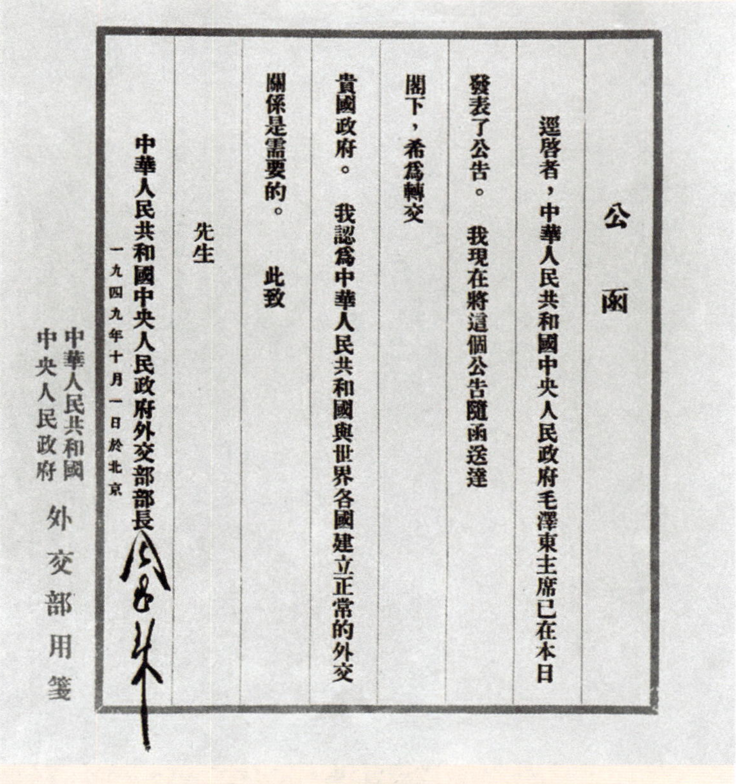

公函

逕啓者，中華人民共和國中央人民政府毛澤東主席已在本日發表了公告。我現在將這個公告隨函送達

閣下，希爲轉交

貴國政府。我認爲中華人民共和國與世界各國建立正常的外交關係是需要的。此致

先生

中華人民共和國中央人民政府外交部部長

一九四九年十月一日於北京

中華人民共和國中央人民政府 外交部用箋

>> 1949 年 10 月 1 日，政务院总理兼外交部长周恩来致各国政府公函，表示愿意同世界各国建立正常的外交关系

>> 西藏人民和进藏的中国人民解放军部队在布达拉宫前载歌载舞，欢庆西藏和平解放

>> 中朝部队协同作战，取得朝鲜战场的伟大胜利。图为中朝部队胜利会师时欣喜若狂的场面

人阶级领导的、以工农联盟为基础的、团结各民主阶级和国内各民族的人民民主专政。”“中华人民共和国政权属于人民。人民行使国家政权的机关为各级人民代表大会和各级人民政府。”“各级政权机关一律实行民主集中制。”

《共同纲领》还规定：“中华人民共和国境内各民族一律平等。”“各少数民族聚居的地区，应实行民族区域自治。”

按照《共同纲领》，新中国经济实行“以公私兼顾、劳资两利、城乡互助、内外交流的政策，达到发展生产、繁荣经济之目的”，新中国外交的原则，是“保障本国独立、自由和领土主权的完整，维护国际的持久和平和各国人民的友好合作，反对帝国主义的侵略政策和战争政策”。

9月30日，中国人民政治协商会议第一次全体会议闭幕。10月1日，新中国举行了开国大典。

人民民主专政的新中国的建立，标志着近代以来中国面临的争取民族独立、人民解放这个历史任务的完成，这就为中国人民集中力量进行建设，实现国家繁荣富强和人民共同富裕，创造了前提，开辟了道路。

2. 中国全境基本解放和抗美援朝

中华人民共和国成立后，中国人民解放军又经过近1年作战，基本上消灭了大陆上的国民党军队。截至1950年10月，中国人民解放军歼灭国民党正规军128万余人，实现了除西藏、台湾和少数岛屿以外的全部中国领土的解放。1951年5月23日，中央人民政府同西藏地方政府达成关于和平解放西藏办法的协议，西藏获得和平解放。

在解放区，开展了大规模的镇压反革命运动和剿匪除恶斗争，长期危害人民生命财产安全的200多万土匪在两年内被肃清，新社会秩序得到巩固。

1950年6月，朝鲜战争爆发。应朝鲜党和政府请求，10月19日，以彭德怀为司令员兼政治委员的中国人民志愿军奉命开赴朝鲜战场，抗美援朝，保家卫国。在国内，中国人民开展了一场轰轰烈烈的抗美援朝运动。1953年7月27日，美国在停战协定上签字，朝鲜战争结束。这场战争，对新中国产生了深远影响，提高了新中国的国际威望。

>> 老贫农分到土地，喜气洋洋

3. 建立各级人民政府，实行土地改革

为巩固新生的人民政权，稳定社会秩序，恢复国民经济，改造旧社会，实现人民当家做主的新生活，刚刚成立的人民政府空前繁忙地工作着。

在全国范围内摧毁旧政权，普遍召开各级各界代表会议或人民代表会议，通过民主选举的方式，正式产生各级人民政府的负责工作人员。

1951 年 3 月 8 日，中共中央发出指示，要求根据统一战线政策和《共同纲领》原则，各级人民政府委员会必须配备适当数量的党外人士，并做到有职有权。

在少数民族地区，人民政府的中心工作是推行民族区域自治，培养少数民族自己的干部。到 1953 年 3 月，在全国范围内建立起县级和县级以上的民族自治地区 47 个。经过 3 年努力，民族区域自治已成为国家的一项基本政治制度。

到 1951 年 9 月底，全国的大行政区，省、直辖市，省辖市和县，以及直到基层的政权机构基本建立起来。各级行政机关的有效运转，使建国初期纷繁复杂的政府工作迅速打开局面。

1950 年 6 月，中央人民政府委员会颁布《中华人民共和国土地改革法》，在占全国人口大多数的新解放区农村开展轰轰烈烈的土地改革运动。从 1950 年冬到 1952 年底，全国除一部分少数民族地区外，土地改革基本完成。至 1960 年 10 月，少数民族地区以土地改革为中心的民主改革也基本结束。

完成土地改革，先后使 3 亿多无地或少地的农民无偿地获得了约 7 亿亩土地和大量其他生产资料，占中国人口绝大多数的农民获得了翻身解放。这是近代以来中国人民反封建斗争的一个伟大胜利。

>> 在土地改革中，贫苦农民不仅分得土地，还分得房屋、农具等基本的生产、生活资料。图为当时发给农民的房屋执照

>> 治理淮河是新中国第一个全流域的治水工程，于1950年动工。图为百万民工劳动在治淮工地上

4. 国民经济快速恢复回升，社会面貌焕然一新

1949 年新中国建立后，中国政府即把解决人民的温饱问题作为头等大事和最紧迫的任务。1950 年 6 月，中共召开七届三中全会。毛泽东在会上说，财政经济状况的根本好转，要用三年左右的时间，须创造三个条件，即：完成土地改革，合理调整工商业，大量节减国家机构所需经费。这次会议明确反对企图提早消灭资本主义实行社会主义的错误思想。

到 1952 年底，国民经济得到全面恢复和初步发展。当年工农业总产值超过国民党统治时期最高年份 1936 年的 20%。同 1949 年相比，全国职工工资水平平均提高 70%，农民收入增长 30% 以上。在经济恢复的同时，国民经济结构也发生了深刻的变化。国营经济、私人资本主义经济、个体经济、国家资本主义经济、合作社经济都得到发展。由于国家的支持，国营经济发展更为迅速。

到 1953 年，基本稳定物价，解除了人民几十年来遭受的物价飞涨之苦。

与此同时，人民群众进行了广泛的社会民主改革和移风易俗。在工矿企业，废除使工人群众深恶痛绝的封建把头制、侮辱工人的搜身制等。在家庭，改革旧的婚姻制度。1950 年 5 月 1 日，中央人民政府颁布婚姻法，规定：“废除包办强迫、男尊女卑、漠视子女利益的封建主义婚姻制度。实行男女婚姻自由、一夫一妻、男女权利平等，保护妇女和子女合法利益的新民主主义婚姻制度。”另外，政府还采取果断措施，铲除了持续几千年的娼、赌、毒等旧社会痼疾。社会上健康文明的新风开始树立，人民的精神面貌焕然一新。

>> 1950 年 2 月 4 日，中央人民政府政务院发出严禁鸦片毒品的通令。图为人民政府收缴的烟具和赌具

社論

克服以功臣自居的驕傲自滿情緒

[illegible]

社論

各級幹部都有責任整頓作風

近幾個月來的整風經驗證明，整風應由黨內到黨外、由幹部黨員到一般黨員、由上級到下級，重點放在各級負責領導工作的幹部黨員身上；對於一般黨員和非黨幹部，則應根據不同對象去組織和領導他們參加整風學習和工作檢查。只有這樣，才能使整風正確地貫徹下去，深入與鞏固整風的成果；反之就會引起許多混亂，甚至發生錯誤。目前大部地區的整風運動，正向黨的和政府的各部門及縣以下各級組織深入進行，因此，已有的這個經驗是應該加以重視的。

已經進行整風的地方或單位，有些領導幹部不積極帶頭檢查工作，這是不對的。因為愈是負責的幹部對於革命工作愈要負重要責任。這些同志不同於一般幹部黨員，他們是掌握着黨和人民政府各種政策的樞紐。他們的一言一行都密切關係着千百萬群眾的利益。假如他們掌握政策稍有偏差，就會造成不可估量的損失。因此，領導幹部不但要整風，而且要先整風。只有把領導幹部特別是高級幹部整好了，才能正確地整頓中下級幹部的作風。

但是，有些中級幹部黨員認為整風要「中間不動兩頭動」；或者說「上有官僚主義，下有命令主義，自己既不負主要責任，又不接近廣大群眾，沒有什麼風可整」，這也是不對的。這樣看待整風的同志，除了有一部分是有意識地逃避整風，應加以嚴厲批評以外，多半是對自己的工作任務認識不清楚，把自己所担負的任務看成是單純「技術性」和「不實際」的工作。他們不了解自己所做的日常工作，如調查研究、搜集資料、彙報情況、起草文件、傳達決議等，都是領導與群眾結合、政策與實際結合的極重要的工作。有許多機關，「公文旅行」的現象嚴重存在，也往往是由於中級幹部未能積極盡職的結果。在檢查工作中不但已經發現不少中級幹部的作風有官僚主義傾向，而且也有命令主義傾向。如處理機關日常事務中，他們對於所領導的下級，不進行解釋，只靠命令行事，下級幹部對他們的意見也很多。這能夠說是「無風可整」嗎？

至於說「一切是上級負責」，這同樣不能成為下級幹部黨員推卸責任的藉口。因為我們的黨和人民政府的各種政策，都是通過下級幹部黨員貫徹到群眾中去的；黨和政府又經過他們來集中群眾的意見，作為決定政策的根據。下級幹部和群眾的聯系最為密切、最為直接。因此，下級幹部黨員工作作風中的錯誤傾向如不整頓，如果不把具體執行政策的基層幹部的政治水平和思想水平提高一步，那麼，要改進工作就是不可能的。目前各地黨委注意與加强對區鄉幹部整風的領導，深入基層檢查工作，是十分必要的。只有整頓了高級幹部和中級幹部的作風，又整頓了下級幹部黨員的作風；檢查了上級領導機關的工作，又檢查了基層的工作，才能使黨和人民群眾的聯系更加密切起來。

當然，無重點地一切都整，特別是對一般新黨員的整風也要求得和老黨員一樣，也是不對的。對於一般新黨員，只應該領導他們進行整風學習。因為這些同志政治水平還很低，對於他們不應要求過高。但他們在整風中也要努力使自己更多地懂得黨的基本原則，從思想上建立起馬列主義的立場、觀點、方法，忠心為人民服務，嚴防脫離群眾。學校、工廠和農村支部中的共產黨員都應該進行適當的整風學習；以實事求是的態度，根據具體情況進行一些必要的工作檢討也是可以的，但要嚴防形式主義的傾向。

不分黨內黨外，「眉毛鬍子一把抓」的整風方式一定要糾正。非共產黨員幹部，作為服務於人民的國家機關的工作人員或人民團體的負責人員，只有在眞正自願的情形下才可以接受他們參加整風，至於邀請他們列席黨員的檢討會，向黨員提出批評，或者與他們共同進行檢查某種共同的工作，當然是另一個問題。在這一方面做得好壞的關鍵，是在於共產黨員幹部能否虛心接受他們的正確意見，更多地取得黨外朋友的幫助，達到進一步團結和改進工作的目的。任何超過共同綱領的標準，而以共產黨黨章的尺度去衡量黨外合作者的想法和做法都是錯誤的。

>> 图为有关整风运动的两篇社论

5. 整顿党的作风和组织

新中国成立前夕，毛泽东就在河北山区西柏坡告诫全党同志，在胜利面前，要保持清醒头脑，要经受住执政的考验，务必继续保持谦虚、谨慎、不骄、不躁的作风，务必继续保持艰苦奋斗的作风。因此，进城前，中共对干部和人民解放军普遍进行了城市政策和入城纪律教育，解放军战士宁愿露宿街头，也不打扰百姓，赢得了市民的好评。进城后，政府工作人员和解放军指战员纪律严明，清正廉洁，同国民党官员的腐败风气和旧军队欺压百姓的霸道行为形成鲜明对比。

1950 年 5 月 1 日，中共中央发出指示，要求在全党范围进行一次大规模的整风运动，克服上级机关的官僚主义和中下级机关的命令主义，纠正干部、党员中的居功自傲情绪和“革命到头”思想。1953 年，决定进行整党，重点解决党内思想不纯和组织不纯等方面的问题。经过整党，共有 32.8 万人离开党的组织，其中有 23.8 万混入党内的各种坏分子和蜕化变质分子被清除出党，有 9 万多不够党员条件的人自愿或被劝告退党。在整党期间，还积极慎重地发展新党员，到 1953 年 6 月底，全国共吸收新党员 107 万。

6. 开展“三反”、“五反”运动

1951 年 12 月，在党政机关工作人员中开展了一场反对贪污、反对浪费、反对官僚主义的“三反”运动。中共天津地委书记刘青山、天津地区行署专员张子善虽然革命有功，但因堕落为大贪污犯，由河北省人民法院判决，经最高人民法院核准，判处死刑。此举震动了全党，体现了党惩治腐败的决心，成为非常轰动的事件。历时半年的“三反”运动，清除了干部队伍中的腐化分子，有力地抵制了旧社会遗留的恶习。

1952 年上半年，又在工商业界发起反行贿、反偷税漏税、反盗窃国家资财、反偷工

>> 刘青山、张子善特大贪污案件，是“三反”运动中揭露出来的第一大案。图为审判大会现场

减料、反盗窃国家经济情报的“五反”运动，此举有力地扭转了私营企业中普遍存在的非法经营和投机钻营问题，树立了文明守法的良好经营风尚。

>> 图为1954年9月15日，刘少奇在第一届全国人民代表大会第一次会议上作《关于中华人民共和国宪法草案的报告》

7. 分两步走向社会主义

近代以来，中国人一直梦想实现全体人民的共同富裕。洪秀全提出“无处不均匀，无人不饱暖”的理想，康有为提出“大同”理想，孙中山提出“均富”理想，都深深地吸引着中国民众。对大多数中国人来说，资本主义意味着贫富两极分化，社会主义就是共同富裕。

中国共产党一走上政治舞台，就宣布要走社会主义道路。但是，不是一下子就走进社会主义，而是要分两步：第一步通过新民主主义革命，实现民族独立和人民解放，建立新民主主义国家；第二步，通过新民主主义走向社会主义。

因此，中华人民共和国成立后建立的新民主主义国家，是一个过渡性的安排。1954年9月15日，刘少奇在《关于中华人民共和国宪法草案的报告》中说：“我国正处在建设社会主义社会的过渡时期。在我国，这个时期也叫做新民主主义时期，这个时期在经济上的特点，就是既有社会主义，又有资本主义。”同时他又说：“我国只有社会主义这条唯一的光明大道可走，而且不能不走，因为这是我国历史发展的必然。”

>> 1954年9月20日，在第一届全国人民代表大会第一次会议上，代表们一致表决通过《中华人民共和国宪法》。图为表决票样

>> 1954 年 12 月 25 日，贯通世界屋脊的康藏、青藏公路全线通车。图为行驶在康藏公路上的车队

>> 1956 年 7 月 19 日，国产第一架喷气式战斗机在沈阳首次试飞成功

8. 开始进行社会主义工业化

中华人民共和国成立后，随着民主革命遗留任务的完成和国民经济的恢复，集中力量进行现代化就成为新中国的中心任务。

实现现代化，核心是实现工业化，即把中国从一个落后的农业国变为一个先进的工业国。1952 年中国国民经济恢复时，现代工业在工农业总产值中的比重只有 26.6%，重工业在工业总产值中的比重只有 35.5%。当时毛泽东曾说："现在我们能造什么？能造桌子椅子，能造茶碗茶壶，能种粮食，还能磨成面粉，还能造纸，但是，一辆汽车、一架飞机、一辆坦克、一辆拖拉机都不能造。"

当时，苏联的社会主义工业化模式，对包括中国在内的许多国家具有很大的吸引力。由于社会主义制度具有集中力量办大事、促进社会生产力迅速发展和实现社会公平的优越性，对于中国这样一个经济文化落后的大国来说，要实现赶超世界经济大国的使命，通过社会主义道路实现国家工业化，是最好的选择。

>> 1953 年 5 月，经中苏两国政府商谈，苏联政府决定帮助中国新建与改建 141 个企业（包括 1950 年签订的 50 个项目）。1954 年 10 月，中苏两国政府在北京举行会谈，又商定增援 15 个项目。图为中苏双方代表周恩来（右）、米高扬（左）在《联合公报》上签字

>> 1956年7月13日，第一批国产“解放牌”载重汽车在长春第一汽车制造厂试制成功，结束了中国不能制造汽车的历史。图为7月14日长春市各界人民夹道欢迎报喜的车队

9. 过渡时期的总路线

1953 年，中共中央正式提出了党在过渡时期的总路线："在一个相当长的时期内，逐步实现国家的社会主义工业化，并逐步实现国家对农业、对手工业和对资本主义工商业的社会主义改造。"

也就是说，中国向社会主义过渡就是社会主义工业化与社会主义改造同时并举，这呈现出中国特点。当时对这条总路线的通俗解释为："好比一只鸟，它要有一个主体，这就是发展社会主义工业；它又要有一双翅膀，这就是对农业、手工业和私营工商业的社会主义改造。"

>> 农业合作化运动期间，农业生产稳步发展。1955 年秋山东省棉花获得好收成。图为农民向国家出售新棉的情景

10. 农业合作化运动

改造先从农业合作化开始。1951 年 12 月，中共中央下发《关于农业生产互助合作决议（草案）》，要求在尊重农民个体经济积极性的前提下，按照自愿和互利的原则，发展农民劳动互助的积极性。1953 年 12 月，中共中央通过了《关于发展农业生产合作社的决议》，提出引导农民走向社会主义的过渡性经济组织形式：第一是互助组，具有社会主义

>> 到 1956 年底，中国基本完成了农业社会主义改造。图为上海郊区农民踊跃报名参加名为"大农庄"的高级农业生产合作社

\>> 图为1956年，北京崇文区手工业者踊跃申请加入手工业生产合作社

\>> 1956年1月20日，上海市在中苏友好大厦举行资本主义工商业申请公私合营大会。图为上海市工商界代表手持申请书步出大会会场

萌芽性质；第二是初级农业生产合作社，具有半社会主义性质；第三是高级农业生产合作社，具有社会主义性质。到 1955 年夏季以后，农业合作化运动加速发展，出现了农业合作化高潮。到 1956 年底，农业合作化基本完成，加入合作社的农户占全国农户总数的 96%，其中参加高级社的占 87.8%。

农业社会主义改造促进了农业生产发展，从 1953 年到 1956 年，全国农业总产值每年递增 4.8%，农民安居乐业，生活有所改善。中国农业在稳定发展中实现了从沿袭几千年的私人占有、分散经营的个体经济向集体所有、集体经营的集体经济的转变，这是中国历史上一次伟大的社会变革。

通过农业合作化，中国农村走上了通过社会主义实现现代化的道路，避免了资本主义农业现代化之苦，为中国解决农业、农村、农民“三农”问题打下了经济制度基础。

11. 对手工业和资本主义工商业的改造

对于手工业改造，采取由手工业生产合作小组、手工业供销合作社到手工业生产合作社的渐进组织形式，由低到高、由小到大，逐步完成了手工业社会主义改造。到 1956 年底，参加合作社的手工业人员占全体手工业人员 91.7%，基本完成手工业合作化。

对资本主义工商业的社会主义改造也积极推进。中国共产党把民族资产阶级作为朋友，采用赎买的办法进行改造。

1953 年 9 月，毛泽东在同民主党派和工商界人士谈话时明确指出：国家资本主义是改造资本主义工商业和逐步完成社会主义过渡的必由之路。

国家资本主义经济是在人民政府管理之下的，用各种形式和国营社会主义经济联系着的，并接受工人监督的资本主义经济。新中国成立初期，着重发展的是加工订货、经销代销等初级形式的国家资本主义。1954 年开始进行“公私合营”，发展高级形式的国家资本主义。1956 年 1 月北京市首先在全市范围内完成全行业公私合营。到这年年底，全国私营工业户的 99%、私营商户的 82.2%，都走上了全行业公私合营的道路。

>> 1956年1月15日，北京举行庆祝社会主义改造胜利联欢大会，毛泽东、刘少奇、周恩来等国家领导人出席大会。图为工商界代表向毛泽东主席献上喜报

12. 社会主义改造促进了生产力发展

中国进行社会主义改造，是围绕着社会主义工业化的任务进行的，促进了生产力的发展。第一个五年计划（1953～1957）1957年应达到的目标，在1956年底就提前达到了。在中国进行全面社会主义改造期间，从1953年到1956年，全国工业总产值平均每年递增19.6%，农业总产值每年递增4.8%。经济发展比较快，经济效益比较好，重要经济部门之间的比例关系比较协调，市场繁荣，物价稳定，人民生活显著改善。

在改造过程中，国家资本主义经济和合作经济表现出了明显的优越性。1955年，公私合营工业比私营工业的工人劳动生产率平均高一倍。农村集体经济也显示出个体经济无法比拟的先进性。1956年，农业遇到严重自然灾害，农业总产值仍然增长了5%。特别是依靠组织起来的力量，农田水利建设蓬勃兴起。仅1956年一年所兴修的水利工程的灌溉面积就达1.5亿亩，当年受益的达1亿亩。这等于解放前全国所有水利设施的灌溉面积的一半。

但是，由于急于求成的原因，社会主义改造原来计划为18年的进程只用了7年时间去完成，这导致了由于进展急促而出现缺点和偏差。由于对社会主义经济的认识存在历史局限性，使得全国经济形式过于单一，忽视了市场的作用。出现这些问题，主要还是历史局限所致，是历史发展进程中难以避免的。

>> 从1954年开始，中国政府对粮食采取了统购统销的政策，保障了国家建设和人民生活的基本需要。图为1954年秋，湖北农民积极向国家出售余粮

>> 军队建设沿着现代化、正规化的方向阔步前进。图为1953年10月1日，在首都庆祝国庆节的活动中，受检阅的中国人民解放军坦克部队经过天安门前

13. 社会主义基本制度在中国的全面确立

1956 年，中国继建立社会主义基本政治制度之后，也建立起来了社会主义的基本经济制度。这标志着中国进入社会主义社会。

1952 年，各种经济成分在国民收入中所占的比重分别是：国营经济 19.1%，合作社经济 1.5%，公私合营经济 0.7%，个体经济 71.8%，资本主义经济 6.9%。就是说，个体经济和资本主义经济合计为 78.7%，占到国民收入的绝大部分。

到 1956 年，各种经济成分在国民收入中所占的比重分别是：国营经济 32.2%，合作社经济 53.4%，公私合营经济 7.3%，个体经济 7.1%，资本主义经济近乎零。这就是说，社会主义性质的国营经济、合作社经济和基本上属于社会主义性质的公私合营经济合计为 92.9%，占到了国民收入的绝大多数。

社会主义基本制度在中国的确立，实现了中国历史上最伟大最深刻的社会变革，为中国全面进行社会主义建设奠定了基础。

20 世纪 50 年代早期的中国，充满着令人振奋的理想主义气息。由革命成功和国家独立带来的民族自豪感显而易见。人民在建设国家的过程中团结起来，发展是实实在在的，哪怕算不上很显著。

>> 为了推动科学技术事业的发展，1955 年中国科学院成立了四个学部，分别领导各学科的科学研究工作。图为 6 月 1 日，学部成立大会在北京召开

14. 毛泽东发表《论十大关系》

中华人民共和国成立初期，因为没有经验，在经济建设上只得学习甚至照搬苏联的做法。毛泽东认为:“这在当时是完全必要的，同时又是一个缺点，缺乏创造性，缺乏独立自主的能力。这当然不应当是长久之计。”

通过“一五”计划实施，中国已经积累了初步的经验。更重要的是，1956 年 2 月召开的苏共二十大，充分暴露了苏联社会主义模式的缺点和错误。在这种情况下，中国人决心走自己的路，开始探索适合中国情况的建设道路。

1956 年 1 月，毛泽东在最高国务会议上说：“我国人民应该有一个远大的规划，要在几十年内，努力改变我国在经济上和科学文化上的落后状况，迅速达到世界上的先进水平。”为此，中国制定了《1956 年到 1967 年全国农业发展纲要》和《1956 ~ 1967 年科学技术发展远景规划纲要》等，希望加快发展。

在这种认识和制度保障条件下，中国在探索社会主义建设道路初期取得了积极进展。

1956 年 2 月到 4 月，毛泽东先后听取了国务院工业、农业、运输业、商业、财政、计划等 34 个部门的工作汇报，形成了《论十大关系》的基本思路。他先后在 4 月 25 日中共中央政治局扩大会议上和 5 月 2 日最高国务会议上作了《论十大关系》的报告。这个

>> 图为毛泽东在 1956 年 5 月 2 日最高国务会议第七次会议上进一步阐述十大关系

报告，总结中国经济建设的初步经验，借鉴苏联建设的经验教训，概括出了中国建设中的“十大关系”：重工业和轻工业、农业的关系；沿海工业和内地工业的关系；经济建设和国防建设的关系；国家、生产单位和生产者个人的关系；中央和地方的关系；汉族和少数民族的关系；党和非党的关系；革命和反革命的关系；是非关系；中国和外国的关系。

《论十大关系》围绕一个基本方针，即：“一定要努力把党内党外、国内国外的一切积极的因素，直接、间接的积极因素，全部调动起来，把我国建设成为一个强大的社会主义国家。”

同年 4 月 28 日，毛泽东提出：“艺术问题的百花齐放，学术问题上的百家争鸣，我看应该成为我们的方针。”

《论十大关系》是中国人开始探索自己的社会主义建设道路的标志。后来，毛泽东回顾说：“前八年照抄外国的经验。但从一九五六年提出十大关系起，开始找到自己的一条适合中国的路线。”

15. 中共八大路线的制定

以毛泽东的《论十大关系》为指导，1956 年 9 月 15 日至 27 日召开的中共八大，制定了中国全面建设社会主义的路线。

这条路线分析了社会主义改造完成后中国社会的主要矛盾和主要任务，指出：社会主义制度在中国已经基本上建立起来，国内主要矛盾已经不再是工人阶级和资产阶级的矛盾，而是人民对于经济文化迅速发展的需要同当前经济文化不能满足人民需要的状况之间的矛盾；全国人民的主要任务是集中力

>> 图为 1956 年，毛泽东在中国共产党第八次全国代表大会上致开幕词

量发展社会生产力，实现国家工业化，逐步满足人民日益增长的物质和文化需要；虽然还有阶级斗争，还要加强人民民主专政，但其根本任务已经是在新的生产关系下面保护和发展生产力。

这条路线提出了社会主义建设的一系列原则：

在经济建设上，坚持既反保守又反冒进即在综合平衡中稳步前进的方针，坚持“三个主体、三个补充”：国家经营和集体经营为主体，一定数量的个体经营为补充；计划生产是主体，一定范围的自由生产为补充；国家市场是主体，一定范围的自由市场为补充。

在政治建设上，要扩大社会主义民主、健全社会主义法制，使党和政府的活动做到“有法可依”和“有法必依”。

在执政党建设上，要健全党内民主集中制，坚持集体领导制度，反对个人崇拜，发展党内民主和人民民主，加强党和群众的联系。

全面建设社会主义路线的提出，在探索社会主义建设道路上开了好头，具有重要意义。

>> 59个国家的共产党、工人党、劳动党和人民革命党的代表团应邀列席了中共八大。图为各国代表团在大会上

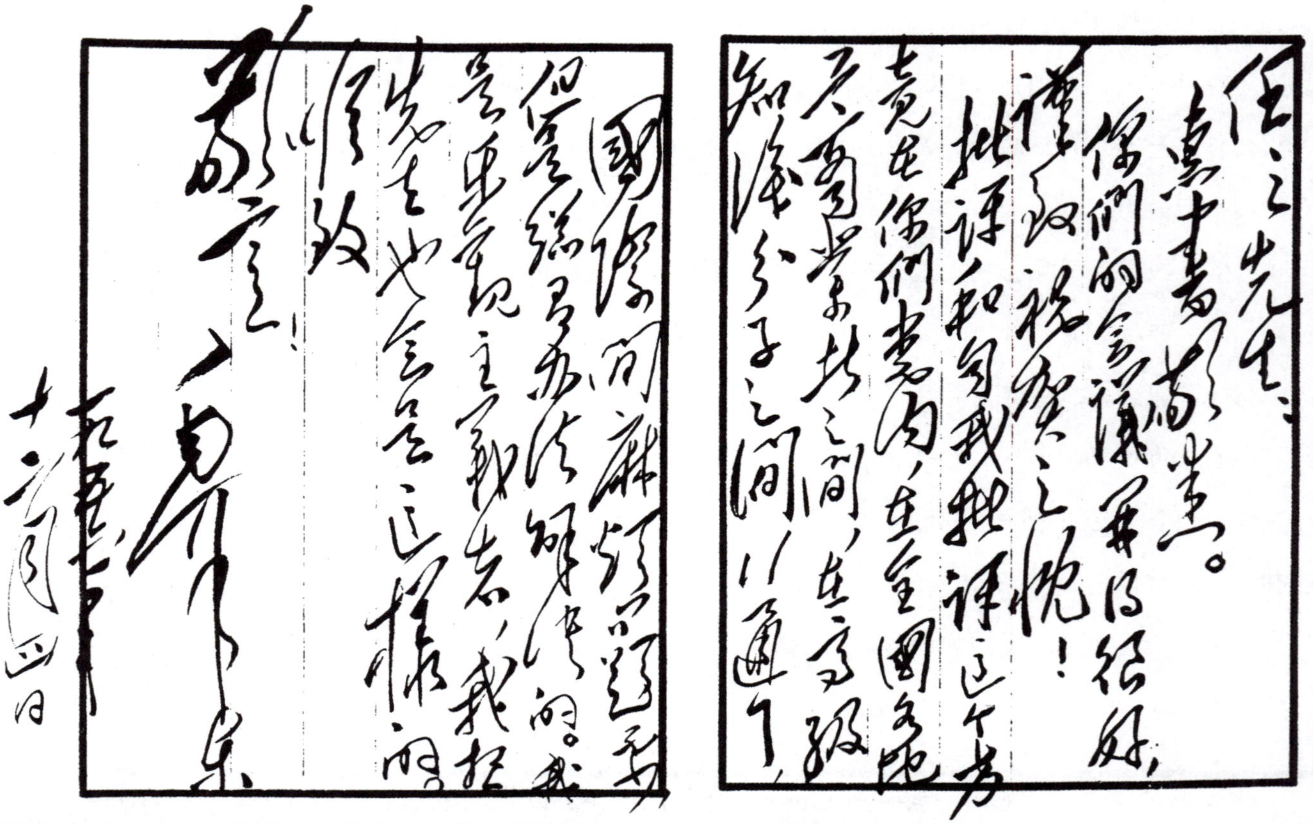

任之先生：

惠书敬悉。你们的会议开得很好，谨致祝贺之忱！

……

此致

敬礼！

毛泽东

十二月四日

>> 1956 年 12 月 4 日，毛泽东在给民主建国会主任委员黄炎培（任之）的信中，第一次提到社会主义社会有两类不同性质的矛盾

16. 毛泽东论正确处理人民内部矛盾

社会主义制度建立后，中国共产党作为执政党，如何正确认识和处理社会上出现的各种矛盾，是一个马克思主义的新课题。毛泽东对这一问题进行了深入的理论思考。1956年秋冬的半年时间里，社会上出现了一些闹事和请愿等活动。一些干部把这些问题一概视为阶级斗争，企图用简单压制的办法去对付。毛泽东吸取斯大林动辄以暴力手段处理内部矛盾的教训，决定对这一重大问题做出系统的理论回答，以普遍提高党的执政能力。1957年2月，毛泽东在扩大的最高国务会议上发表了《关于正确处理人民内部矛盾的问题》的讲话。他指出：在社会主义制度下，还存在着敌我矛盾和人民内部矛盾。必须正确区分这两类不同性质的社会矛盾，把正确处理人民内部矛盾作为国家政治生活的主题。他还联系中国存在的具体问题，系统地阐述了正确处理人民内部矛盾的方针和方法。他反复强调，不能用解决敌我矛盾的方法去解决人民内部矛盾，只能用民主的、说服的、教育的、“团结－批评－团结”的方法去解决。

他还指出：矛盾是普遍存在的。社会主义社会充满着矛盾，正是这些矛盾推动着社会主义不断向前发展。在社会主义社会之中，基本的矛盾仍然是生产关系和生产力之间的矛盾、上层建筑和经济基础之间的矛盾。这些矛盾，可以通过社会主义制度本身的自我调整和自我完善不断地解决。

毛泽东的《关于正确处理人民内部矛盾的问题》创造性地阐述了社会主义矛盾学说，是对科学社会主义理论的重要发展，是中国改革开放的重要理论基石，对中国的社会主义建设具有长远的指导意义。

>> 1956年，毛泽东接见文艺界著名人士巴金（右一）、周信芳（右二）等

17. 出现了严重的曲折

八大以后，中国共产党曾在一段时间里继续沿着正确的方向发展和探索。1956 年 12 月，毛泽东在一次谈话中甚至提出“可以消灭了资本主义，又搞资本主义”的建设社会主义新思路，认为一定限度内存在的资本主义私有经济可以作为社会主义经济主体的补充。1957 年，经济领域内开展了反冒进的斗争，使当年的经济工作成为 1950 年以来效果最好的年份之一。思想文化领域，从 1956 年八大召开至 1957 年上半年，“百花齐放”、“百家争鸣”的气氛比较浓厚。

可惜的是，这一良好局面未能持续下去，中共从 1957 年夏季“反右”开始，犯了一系列“左”的错误。八大的正确路线及其开始的探索没有能够继续下去。邓小平后来多次说过:“一九五七年后，‘左’的思想开始抬头，逐渐占了上风。”

事情是从“整风”开始的。中国共产党执政以后，始终注意加强党的自身建设。随着权力、地位的改变，一些干部身上出现了官僚化、特殊化的现象，一些干部执政能力不强、作风简单粗暴的问题也暴露出来。社会上对共产党的意见逐渐多了起来，有的地方干群关系紧张。为解决这些问题，中共中央 1957 年 4 月 27 日下发了《关于整风运动的指示》，试图通过开门整风的形式，发动群众向党员和党的各级组织提意见，帮助共产党来纠正问题。毛泽东曾经说,开展整风“是天下第一大事”，“不整风党就会毁了”。他希望通过整风，在中国造成一个又有集中又有民主、又有纪律又有自由、又有统一意志又有个人心情舒畅、生动活泼的政治局面。

在整风运动中，绝大多数人给共产党提意见，态度是诚恳的，但也出现了一些过激乃至错误的言论。比如指责中共的领导为“党天下”，要求“轮流坐庄”。对这些错误言论进行适当反击是必要的。反右派斗争在全国人民中间澄清了根本的大是大非，稳定了新建立起来的社会主义制度。遗憾的是，反右派斗争严重扩大化了。从 1957 年夏到 1958 年夏，全国划定的“右派分子”达 55 万人，绝大多数属于错划。

“反右”斗争扩大化，严重伤害了一大批知识分子和民主人士及其家属，损害了中共与知识分子、民主党派的关系。更严重的是，通过党的八届三中全会和党的八大二次会议，改变八大关于中国社会主要矛盾的正确判断，认为当前国内主要矛盾仍然是无产阶级和资产阶级、社会主义道路和资本主义道路的斗争。这是后来一系列“左”倾错误的思想根源。

而且，通过“反右”斗争，使毛泽东对知识分子的阶级属性做出错误判断——知识分子很大程度上被列入资产阶级范围，中国社会主义革命没有完成，还要通过思想文化领域继续。这些都埋下了“文化大革命”的诱因。

>> 图为1957年“反右”运动中一次批判右派分子的大会现场

>> 大跃进期间，中国各地掀起大炼钢铁的运动。图为一个县的农民正在土高炉群旁敲碎矿石

18. “大跃进”的严重失误

中华人民共和国的成立，激发了中国人改变国家落后面貌的决心和斗志，各项建设凯歌行进。正如毛泽东所说，“我看，我们这个民族现在好比打破原子核释放出热能来”。在成绩面前，不知不觉地，毛泽东以及党的中央和地方不少领导者滋长了骄傲情绪。他们一味夸大人的主观意志和主观努力的作用，不顾实际条件的限制，急于求成，于 1958 年轻率地发动了“大跃进”运动。

1957 年 11 月 13 日，《人民日报》社论提出：在生产战线上来一个大的跃进。这年冬季，全国范围掀起了以兴修水利为中心的冬季农业生产高潮，实际上拉开了“大跃进”运动的序幕。

1958 年，中共正式通过了“鼓足干劲，力争上游，多快好省地建设社会主义”的总路线，认为当时中国正在经历着“一天等于 20 年”的创造奇迹时期。总路线提出的“多快好省”四个字，本来是相互制约的，但在宣传中和实际工作中片面地突出一个“快”字，提出“速度是总路线的灵魂”。于是，在全国范围内从各方面开展了忽视经济建设客观规律，片面追求工农业生产和建设高速度的“大跃进”运动。

与“大跃进”并行，1958 年夏，“人民公社化”运动也如火如荼地开展起来，短短几个月内，全国 78 万个农业合作社就被仓促地合并成 2.6 万个人民公社。“一大二公”(“大”是规模大，“公”是公有化程度高）的人民公社体制，超越了当时农村生产力发展的实际需要，造成生产力与生产关系脱节，给农村带来了长期发展迟缓的严重后果。

在“大跃进”中，高指标、瞎指挥、浮夸风、“共产风”盛行。农业方面，鼓吹“人有多大胆，地有多大产”，虚报、浮夸粮食产量。工业方面，片面追求钢产量的高指标，提出“超英赶美”口号，全民掀起“大炼钢铁”运动，并带动其他行业的“大跃进”。“大跃进”打乱了国民经济秩序，浪费了大量人力物力，造成工农业比例严重失调，国民经济出现严重困难，直接经济损失高达 1200 亿元。

19. 对“大跃进”的反思

在发动“大跃进”运动时，毛泽东说过：“中国经济落后，物质基础薄弱，使我们至今还处在一种被动状态，精神上感到还是受束缚，在这方面我们还没有得到解放。”[1] 毛泽东发动“大跃进”运动的初衷，是为了尽快

>> 从 1958 年夏季开始掀起了“人民公社化”热潮。图为被动员起来的农民抬着申请书要求加入人民公社的场景

>>20 世纪 50 年代，钢铁产量成为工业化成就的标志。1958 年 9 月 13 日，武汉钢铁公司一号高炉建成投产。图为庆祝大会现场

改变中国贫穷落后的面貌，使中国真正发展、强大起来，不再受帝国主义的欺侮，是为了使中华民族真正自立于世界民族之林，使人民都能过上幸福美好生活。当时，整个中国上上下下弥漫着一种强烈的民族自信心，人们真诚地相信，在不断取得革命和建设胜利的中国人民面前，什么人间奇迹都可以创造出来，社会主义制度、中国共产党的领导加上群众运动，将无往而不胜。在“大跃进”运动之初，全国人民破除迷信，打掉自卑感，意气风发，艰苦奋斗，要为国家富强、民族振兴贡献力量，这种精神是可贵的。问题在于实际工作中背离了党一贯倡导的实事求是的思想路线，夸大主观意志和主观努力的作用，提出了一些超越历史发展阶段的目标和方针、政策，造成了实际工作中违反自然规律和经济规律的情况。这其中，可供借鉴的教训是非常深刻的，值得后人永远汲取。

对“大跃进”造成的工作失误，毛泽东主动承担了责任，比较早地觉察并采取一些措施进行纠正。在1962年初召开的一次约7000人参加的大型中央工作会议上，毛泽东说：“凡是中央犯的错误，直接的归我负责，间接的我也有份，因为我是中央主席。我不是要别人推卸责任，其他一些同志也有责任，但是第一个负责的应当是我。”

>> 中国已建成各类水库近10万座，绝大部分是在大跃进时期修建的。图为1958年5月，毛泽东在北京十三陵水库工地参加劳动

对“大跃进”的教训，毛泽东是刻骨铭心的，他告诫党内同志说：“这些教训都要牢牢记住，要经常向人们讲，永远不要忘记。”

“大跃进”造成了严重破坏和巨大损失，但是也要看到广大干部群众以空前的热情和干劲，战天斗地，改造山河，所付出的辛勤劳动也取得了一部分实际成果。科学技术也有了可喜的发展，尤其是在某些尖端科技领域填补了空白。

人民公社体制虽然长期压抑了农民的生产热情，但在改造农民落后的和狭隘的思想意识，改变不良的风俗习惯，帮助农民树立基本的公民意识，获得基本的公民素质方面产生了良好的效果。这对后来的市场经济发展产生了积极作用。美国华裔人类学教授黄树民认为：“中国农村公社虽存在诸多缺陷，但也带来了一些意想不到的好处，使得现今的市场改革可行。首先农村义务教育的推广，为农民灌输了普遍性的现代观念，如中国公民、无产阶级、共产党员等，并以此逐渐取代传统农民世界中狭窄的家庭、地域、语言和宗教界限。新建构的公民身份允许在农村无产阶级打造新人，他们不受地理界限的束缚。后来改革时代激增的民工数量证明了这一点。”[2]

>> 1961 年 4 月 28 日至 5 月 14 日，周恩来带领调查组到河北邯郸地区进行调查。图为周恩来坐在门槛上和社员们交谈

20. 中国人民团结一致战胜困难

在20世纪50年代末至60年代初的三年暂时经济困难时期，中国人民面对着极为严峻的考验。在国内发生严重经济困难、国际上受到战争威胁和巨大压力的情况下，中国共产党和中国人民坚持独立自主、自力更生，不怕挫折，顶住压力，团结一致，艰苦奋斗，依然以英雄气概和高昂热情投身建设事业，不倦地探索适合国情的发展道路，并由此培养起自强自立，不依附于人，不怕鬼、不信邪的精神。这种精神，对于维护国家主权和民族尊严，巩固和发展社会主义制度，发挥了重大作用。

在严重困难的岁月里，领袖和人民，干部和群众，休戚与共，同甘共苦，为战胜困难付出了巨大的努力。

广大党员干部和人民群众虽然承受了失误所造成的严重困难，但他们从中国共产党勇于自己纠正失误中深切感受到中国共产党的本质和主流所在，没有动摇在中国共产党的领导下建设社会主义的坚定信念，并为之继续付出艰辛的努力。这是中国崛起的内在精神基因。

21. 从“纠左”到社会主义教育运动

中国政府在1958年就已经察觉“大跃进”运动中存在着严重的冒进错误并准备纠正。不幸的是，1959年的“庐山会议”打断了这一计划，从而造成了更大范围的灾难。到1961年，中国政府终于开始进行了一系列国民经济调整。农村在坚持人民公社制度的前提下，探索建立“三级所有，队为基础”[3]的运行机制。这一机制即使在“文革”时期也没有改变。

经过几年的调整，到1965年，中国经济开始了比较顺利的恢复与发展。1964年底到1965年初召开的第三届全国人大第一次提出了建设“四个现代化”的奋斗目标，具体内容是：在不太长的历史时期内，把中国建设成为一个具有现代农业、现代工业、现代国防和现代科学技术的社会主义强国，赶上和超过世界先进水平。

然而，“左”倾错误虽然在实际工作中得到一定程度的纠正，但在经济工作指导思想上没有得到彻底纠正，在政治和思想文化方面还有发展。毛泽东自1957年发动“反右”运动后形成的“左”倾思想逐渐发展成为“以阶级斗争为纲”的理论。

以这种理论为指导，1963 年至 1965 年中共中央领导了“城乡社会主义教育”运动。这一运动使不少基层干部受到不应有的打击。1965 年初又错误地提出了运动的重点是整所谓“党内走资本主义道路的当权派”，为“文化大革命”的爆发制造了思想氛围。

22. “文化大革命”

“文化大革命”主要经过了三个阶段。

第一阶段，从 1966 年 5 月“文化大革命”发动到 1969 年 4 月中共九大召开。1966 年 5 月中央政治局扩大会议和同年 8 月八届十一中全会的召开是这场运动全面发动的标志。两次会议相继通过了《五·一六通知》和《关于无产阶级文化革命的决定》。陈伯达、康生、江青、张春桥等人成为这场运动的领导者与指挥者。这期间，毛泽东 8 次接见到京的“红卫兵”和各地群众，号召人们走上街头“造反”。刘少奇、邓小平、陶铸、彭德怀、贺龙等革命功臣纷纷被打倒，林彪被确定为毛泽东的亲密战友和接班人。全国各地纷纷成立造反组织，夺取地方各级党委和政府的权力。

第二阶段，从 1969 年 4 月中共九大召开到 1973 年 8 月中共十大召开。这期间，林彪

>> 1966 年，正当中国基本完成调整经济的任务，开始执行发展国民经济第三个五年计划的时候，“文化大革命”发生了。图为 1966 年 8 月 23 日，上海红卫兵在南京路上张贴大字报

>> 1974 年 10 月，毛泽东提出：“无产阶级文化大革命已经八年。现在以安定为好。全党全军要团结。”在毛泽东的提议下，邓小平出任国务院第一副总理。图为毛泽东和邓小平在一起

集团试图谋害毛泽东。1971 年 9 月，林彪集团的政变被粉碎。其后，靠造反夺权起家的上海市一名普通工人王洪文一跃成为党中央副主席。江青、张春桥、姚文元、王洪文在中央政治局内结成了“四人帮”，权倾一时。

第三阶段，从 1973 年 8 月中共十大召开到 1976 年 10 月“四人帮”被粉碎。这期间，江青等人发动了“批林批孔”、“评法批儒”等运动，把斗争的矛头指向国务院总理周恩来，但没有得逞。1975 年初，四届人大确定了以周恩来为总理、邓小平等为副总理的国务院人选。会后，邓小平主持中央日常工作，使国内形势有了明显好转。但是，毛泽东不能容忍邓小平系统地纠正“文化大革命”的错误，撤销了他的职务，还发动了“批邓、反击右倾翻案风”运动。1976 年 1 月 8 日，周恩来逝世。由于“四人帮”竭力压制民众悼念周总理，加上“批邓、反击右倾翻案风”运动不得人心，激起了民愤，发生了天安门事件。1976 年 9 月 9 日，毛泽东逝世。不久，华国锋、叶剑英、李先念等代表中央政治局，执行党和人民的意志粉碎了“四人帮”。1977 年 8 月，中共中央正式宣布“文化大革命”结束。

1981 年 6 月，中共十一届六中全会通过《关于建国以来党的若干历史问题的决议》，对包括文化大革命时期在内的毛泽东时代做了科学评价，指出：“‘文化大革命’不是也不可能是任何意义上的革命或社会进步”，它“是一场由领导者错误发动，被反革命集团利用，给党、国家和各族人民带来严重灾难的内乱”。

“文化大革命”是中华人民共和国成立以来中国人民遭受到的最严重的挫折和损失。“文化大革命”在政治上制造了大量冤假错案，在经济上“仅是国民收入就损失了五千亿元”，在文化上使中国教育、科技遭到重创。“文化大革命”打断了中国现代化进程，拉大了与发达国家的差距。

23. “文革”时期的建设成果

尽管“文革”是一场灾难，但亿万中国人民仍然坚强地支撑着共和国大厦的矗立，并且在一些领域还取得了一定的进展和成就。

1966 年 10 月 27 日，中国可携带核弹头导弹首次发射成功。1967 年 6 月 17 日，中国第一颗氢弹爆炸试验成功。1968 年 12 月 29 日，南京长江大桥提前建成通车。1970 年 4 月 24 日，中国成功地发射了第一颗人造地球卫星。1970 年 7 月 1 日，从成都到昆明的铁路全线通车。1971 年，屠呦呦发现治愈疟疾的新药——青蒿素。1972 年 10 月 13 日，从湘潭到贵阳的湘黔铁路全线通车。1973 年，中国科学家袁隆平培育成功强优势杂交水稻，使中国在这一领域中的研究居于世界领先地位。1974 年，中国考古工作者在陕西临潼秦始皇陵东侧，陆续发掘出规模巨大的秦代陶制兵马俑坑，被称为“世界第八大奇观”。1974 年 9 月，在伊朗德黑兰举办的第七届亚洲运动会上，中国派出了由 269 人组成的代表团，取得了 33 块金牌的好成绩。1975 年 7 月，甘肃永靖刘家峡水电站建成发电。

“文革”后期，邓小平复出，对经济混乱状况进行了整顿，后来虽然被中断，但实际上开始了改革的酝酿，是后来拨乱反正的预演。

截至“五五计划”结束时的 1979 年，全国有效灌溉面积达到 7.3 亿亩。新增灌溉面积的 2/3 在北方，像华北平原的灌溉密度超过了南方平原地区，也超过了都江堰等经典灌区。此外，还完成了 2.6 亿亩的除涝治理和 7000 万亩的盐碱土治理，建成 10 万立方米以上的水库 8.6 万座，还有星罗棋布的小水库、人工河渠和堤防。水利和农田建设方面的成就，使得中国在 1970 年代末扭转了历史上长期存在的南粮北调的局面。

据统计，毛泽东时代工程土石方总量当在 300 亿立方米以上。也就是说，在 1957 ~ 1979 年的 22 年间，新中国水利工程相当于平均每年啃下 5 座三峡工程。

>> 1970 年 4 月 24 日，中国成功地发射了第一颗人造地球卫星

>> 1968 年 12 月 29 日，南京长江大桥提前建成通车

>> 支持毛泽东发动“文化大革命”并被指定为毛泽东接班人的林彪于1971年9月13日乘飞机叛国出逃，途中机毁人亡。这一事件客观上宣告了“文化大革命”的失败。图为林彪座机坠毁现场

>> 为尽量减轻“文化大革命”所造成的损失，为在可能的情况下对极左思潮有所抑制，周恩来总理一直殚精竭虑，不懈努力。图为1975年1月13日，周恩来总理抱病在第四届全国人大第一次会议上作《政府工作报告》，重申了发展国民经济的两步设想

24. 毛泽东发动“文化大革命”的原因

毛泽东作为人民领袖，对官僚主义深恶痛绝，非常担心共产党干部蜕化变质。毛泽东想用一种“革命”的方式来消除干部中存在的官僚主义作风和特权思想，为人民群众参与对国家事务的监督和管理寻找一条途径。另一方面，20 世纪 60 年代以后，在“以阶级斗争为纲”的指导思想支配下，毛泽东逐渐认为共产党内存在着一个走资本主义道路的势力强大的权力集团，只有采取革命的方式，公开地、全面地、自下而上地发动群众来揭发党内、政府内存在的阴暗面，才能让无产阶级夺回政权，防止资本主义复辟。

《剑桥中华人民共和国史》分析道：毛泽东认为，“文化大革命”将“大胆地唤起基层的广大群众”，他们不仅批判党内当权的修正主义分子，而且批判存在于他们自己思想上的自私和自由化的倾向[4]。

毛泽东把“文化大革命”这一大胆的政治试验视为他一生干的两件大事之一。但是，毛泽东的判断是错误的，采用的方式也是不对的，造成的恶果是严重的。这不仅是毛泽东个人的悲剧，也是中国人民的悲剧。

25. 怎样看共和国的曲折

从 1957 年下半年以来中共所犯的一系列错误，特别是“文化大革命”的错误，是中国在独立地寻找自己的社会主义建设道路过程中发生的严重曲折。

之所以走了弯路，从根本上说是由于经验不足和知识缺乏。在中国建设社会主义，没有现成的经验可循。中国共产党过去长期处于残酷战争和激烈的阶级斗争环境中，对于迅速到来的新生的社会主义社会和全国规模的建设事业，缺乏充分的思想准备和科学研究。因此，对于什么是社会主义、怎样建设社会主义的问题，并没有完全搞清楚，因此出现失误，走了弯路。

1953 年 8 月 12 日，毛泽东在全国财经会议上自我批评道：“我对财经工作生疏，是吃老资格的饭。过去一凭老资格，二凭过去的革命工作较丰富的经验，现在是建设时期，缺乏知识，未钻进去，要亡羊补牢。”[5]1962 年，他在扩大的中央工作会议上的讲话中再次自我批评：“在社会主义建设上，我们还有很大的盲目性。社会主义经济，对于我们来说，还有许多未被认识的必然王国。拿我来说，经济建设工作中间的许多问题，还不懂得。工业、商业，我就不大懂。对于农业，我懂得一点。但是也只是比较地懂得，还是懂得不多。”[6]遗憾的是，他的这种清醒认识并没有对他的政治实践产生大的影响。

毛泽东本人的思想取向对国家的政治生活产生了关键性的作用。他对在中国可能出现资本主义复辟的强烈担忧，使得他对一大批不情愿大搞“阶级斗争”的党内同事产生了严重的不信任感。他曾对身边的工作人员说：“我多次提出主要问题，他们接受不了，阻力很大。我的话他们可以不听，这不是为我个人，是为将来这个国家、这个党，将来改变不改变颜色、走不走资本主义道路的问题。我很担心，这个班交给谁我能放心。我现在还活着呢，他们就这样！要是按照他们的做法，我以及许多先烈们毕生付出的精力就付诸东流了。”[7]

事实上，即使在犯错误时，中国共产党的性质和宗旨也都没有变，并且在广大群众的支持和帮助下，发现错误，抵制错误，最终纠正了错误。

>> 1975年年初，邓小平在毛泽东支持下，对“文革”造成的经济领域里的混乱局面进行大刀阔斧的整顿。铁路运输状况首先出现了好转。图为新建成的采用电气新技术、新设备的大型区段站——蚌埠东站

26. 毛泽东关于中国道路的主要思想

以毛泽东为代表的中国共产党人在探索中国社会主义建设道路过程中，从中国实际出发，形成了建设社会主义的若干重要思想。这些思想主要有：

关于社会主义的发展阶段。毛泽东指出，社会主义这个阶段，又可能分为两个阶段，第一个阶段是不发达的社会主义，第二个阶段是比较发达的社会主义。后一阶段可能比前一阶段需要更长的时间。

关于社会主义现代化建设的战略目标和步骤。毛泽东强调：为了建设社会主义，必须大力推进中国的现代化事业。为此，应当采取“两步走”的发展战略，第一步，建成一个独立的比较完整的工业体系和国民经济体系；第二步，全面实现农业、工业、国防和科学技术的现代化，使中国的经济走在世界前列。

此外，在社会主义经济建设方面，在社会主义民主政治建设方面，在社会主义文化建设方面，在国防建设和军队建设方面，在执政党自身建设方面，以毛泽东为主要代表的中国共产党人都提出了丰富的思想和原则，为中国共产党人继续探索并形成中国特色社会主义理论体系提供了重要基础。

>> 1954年3月23日，中华人民共和国宪法起草委员会举行第一次会议。图为毛泽东在修改宪法草案

27. 毛泽东时代的建设成就

从 1949 年到 1976 年，毛泽东担任中华人民共和国最高领导人共 27 年。这 27 年，虽然经历了严重的曲折，但仍然取得了巨大成就。

从 1952 年到 1978 年，中国经济的发展速度仍然比较快。工农业生产总值平均年增长率为 8.2%，其中工业年均增长 11.2%、谷物和主要工业产品产量均居世界前列。

国家经济实力明显增强。按照不变价格计算，1952 年国内生产总值为 679 亿元，1976 年增加到 2943.7 亿元。人均国内生产总值从 1952 年的 119 元增加到 1976 年的 316 元。

这一时期中国经济最大的成就是基本建立了独立的、比较完整的工业体系和国民经济体系，从根本上解决了中国工业化从无到有的问题。

交通运输业方面也得到突飞猛进的发展。到 1976 年，初步形成全国路网骨架，并且具备了自主设计制造万吨远洋轮船的能力。

从 1964 年“三五”时期开始到 1980 年的“五五”时期，在“三线”建设上共投资 2052 亿元，极大地增强了国防力量，改善了中国的工业布局和城市布局。

美国学者迈斯纳指出，“50 年代初期，中国从比比利时还弱小的工业起步，到毛泽东时代结束时，长期以来被耻笑为‘东亚病夫’的中国已经跻身于世界前六位最大的工业国家之列”[8]。

美国学者 R. 布罗鲍姆评价毛泽东时期的中国农业说，“艰苦的体力劳动和现代化的农业耕作方法相结合，使得中国人能够生产供八九亿人口吃的粮食。他们生产中所用的拖拉机和其他技术设备为数甚少，而耕地面积大致与美国的相等”[9]。

>> 1963 年，山西昔阳县大寨大队遭到特大洪水灾害，大寨人民自力更生，艰苦奋斗，重建家园。图为大寨社员在开石垒坝

>> 1959 年，在东北松辽盆地，找到了工业性油流。经过三年艰苦卓绝的努力，建成了大庆油田。图为大庆工人欢呼第一口油井试喷成功

>> 1964 年 10 月 16 日，中国第一颗原子弹试爆成功

>> 1961 年春，“光华”轮驶向印度尼西亚，揭开了中国发展远洋航运的序幕。图为满载客货准备起航的“光华”轮

28. 毛泽东时代的人民生活水平

毛泽东时代，人民生活虽然并不富裕，但较之旧中国，生活水平还是有了很大提高。

全国总人口从1949年的5.4167亿增长到1976年的9.3717亿，同期粮食的人均占有量从418市斤增加到615市斤。全国居民的人均消费水平，农民从1952年的62元增加到1976年的125元，城市居民同期从148元增加到340元。在全国人民节衣缩食支援国家工业化基础建设的情况下，尽管中国人民生活逐年改善的幅度不大，但初步满足了占世界四分之一人口的基本生活需求，这被世界公认是一个奇迹。

1976年9月9日，毛泽东逝世，美国《新闻周刊》以《最后一位巨人》为题撰文评论道："他的农民革命使中国老百姓的生活得到大大改善。饥馑消灭了，健康水平得到大大提高，千百万人获得了文化。"[10]

从社会公平讲，毛泽东启动的中国工业化避免了贫富两极分化状况，"在毛泽东统治的27年时间中，中国人的平均寿命延长了将近一倍——从1949年前的35岁延长到70年代中期的65岁"[11]。毛泽东时代虽然由于总的生产力水平比较低，在低水平基础上的共同进步貌似于"共同贫穷"，但毛泽东时代的中国确是中国历史上乃至当时世界上最公平的时代。

>> 图为一个地方农村生产大队认真贯彻按劳分配原则，按照社员的工分和超额数量在分配超产奖励粮

>> 图为1970年天津市一家副食品商店供应水产品的场景

29. 毛泽东时代的文化教育、医疗与科技事业

从 1949 年到 1976 年，中国的小学校从 37.4 万所发展到 104.4 万所，在校生从 2439 万人发展到 1.5 亿人。中学校从 4045 所发展到 19.2 万所，在校生从 103.9 万人发展到 5836.5 万人。高等学校从 205 所发展到 434 所，在校生从 11.7 万人发展到 67.4 万人。

1949 年，全国拥有医院 2600 家，到 1976 年发展到 6.3 万家，其中县以上医院 7952 家。医院床位从 1949 年的 8 万张发展 1976 年的 168.7 万张。全国人口死亡率从 1949 年的 20‰降到 1976 年的 7.25‰。

特别值得提出的是毛泽东时代的“赤脚医生”制度。1968 年 12 月 5 日，经毛泽东亲自批示，《人民日报》在头版头条发表了调查报告《深受贫下中农欢迎的合作医疗制度》，介绍了湖北省长阳县乐园公社实行的合作医疗制度的做法和经验，称赞这一制度“解决了贫下中农看不起病、吃不起药的困难”。1968 年 9 月 10 日，毛泽东对调查报告《从江镇公社“赤脚医生”的成长看医学教育革命的方向》做出批示，肯定了在农村设立“赤脚医生”（农村半医半农的卫生员）的做法。

在毛泽东的亲自推动下，到 1976 年，全

>> 袁隆平等农业科技人员于 1973 年在世界上首先育成强优势杂交水稻，为水稻大幅度增产开辟了新的途径。图为袁隆平（左二）和科技人员在观察杂交水稻生长情况

>> 图为毛泽东时期乌鲁木齐的市民正在新华书店购买图书

国实行农村合作医疗制度的生产大队的比重从1968年的20％上升到90％[12]，由合作医疗保障的医疗保健服务覆盖了全国85％的农村人口。到1977年底，全国“赤脚医生”的数量达到150多万名，生产队的卫生员、接生员达到390多万人。“赤脚医生”（人员）与合作医疗（制度）、农村“保健站”（机构）一起，成为解决我国农村缺医少药问题的“三件法宝”。联合国妇女儿童基金会在1980～1981年年报中高度评价了中国的“赤脚医生”制度，认为它为中国落后的农村地区提供了初级护理，为不发达国家提高医疗卫生水平提供了样板[13]。世界银行和世界卫生组织把中国的农村合作医疗称为“发展中国家解决卫生经费的唯一典范”[14]。

在“发展体育运动，增强人民体质”方针指导下，从1956年到1976年，中国运动员先后123次打破世界纪录，改变了东亚病夫的形象。

新中国在核技术、航天技术、人工合成牛胰岛素等尖端科学技术领域取得一系列重要成就。一些重要的现代科学分支和新兴应用技术在这一时期逐步发展起来。涌现出一批杰出科学家，如华罗庚、李四光、茅以升、竺可桢、童第周、钱三强、钱学森、邓稼先、陈景润等。

>> 图为江西省余江县20世纪70年代的一所基层卫生院。该县在1958年曾宣布彻底消灭了血吸虫病。毛泽东欣喜地写下《送瘟神》诗二首予以赞颂

>> 1971年，屠呦呦发现了青蒿素，一种用以治疗疟疾的新型药物，挽救了全球数百万人生命。2011年9月，美国拉斯克基金会将临床医学研究奖授予屠呦呦

30. 毛泽东时代的英雄模范人物

在毛泽东时代，产生了大庆、大寨、鞍钢等许多艰苦创业的先进集体，涌现出大量英雄模范人物，他们的感人事迹集中反映了当时的社会道德和精神风貌。

河南兰考县县委书记焦裕禄，不顾肝病折磨，带领群众治理风沙、内涝、盐碱，被誉为“县委书记的榜样”。

大庆油田钻井队二大队队长王进喜，为早出石油，和工友们一起迎难而上，艰苦奋斗，被誉为“铁人”。

中国人民解放军沈阳军区工程兵某部运输连班长雷锋，全心全意为人民服务，在平凡的岗位上做出了不平凡的业绩，被誉为“伟大的共产主义战士”。

1957 年从香港回来的乒乓球运动员容国团，立志为国争光，苦练技术，在 1959 年举行的第二十五届世界乒乓球锦标赛上为中国夺得了第一个乒乓球男子单打世界冠军。这也是中国在世界体坛上获得的第一个世界冠军。1961 年在第二十六届世界乒乓球锦标赛上，他又为中国队第一次夺得男子团体冠军立下大功。

著名科学家邓稼先 1950 年从美国学成回国以后，参与、组织和领导中国核武器的研究、设计工作，对原子弹、氢弹的研制成功做出了重大贡献，被称为“中国原子弹之父”、“两弹元勋”。

>> 图为中共的好干部焦裕禄在田间了解农作物的生长情况

>> 雷锋全心全意为人民服务的事迹家喻户晓。1963 年 3 月 5 日，毛泽东发出“向雷锋同志学习”的号召。图为雷锋为战友讲解汽车构造和节油经验

31. 毛泽东时代的外交成就

新中国一成立，就迎来了第一次建交高潮，先后与苏联及欧亚十多个人民民主国家建立了外交关系。到 1951 年，新中国还同印度等四个亚洲民族独立国家及瑞典等四个欧洲资本主义国家相继建立了外交关系。

1950 年至 1953 年的抗美援朝战争，以及随后的日内瓦国际会议和万隆会议，极大地提高了新中国的国际地位。中国同印度、缅甸共同倡导的和平共处五项原则，成为处理国与国关系的国际准则。

1960 年 1 月到 1963 年 3 月，中国先后同缅甸、尼泊尔、蒙古、巴基斯坦、阿富汗等国妥善地解决了边界问题。1964 年与法国实现了建交。

在广大发展中国家支持下，1971 年 10 月 25 日，第二十六届联合国大会通过决议，恢复中华人民共和国在联合国的合法席位，五星红旗从此在联合国总部前高高飘扬。中国在联合国中发挥日益重要的作用，成为维护世界和平、反对霸权主义的一支中坚力量。

1971 年，毛泽东、周恩来利用中、美运动员在日本交往的契机，邀请美国乒乓球运

>> 1949 年 10 月 2 日，苏联政府首先承认中华人民共和国。10 月 3 日，中苏正式建交。图为苏联第一任驻中国大使罗申向毛泽东主席呈递国书

>> 1954年4月26日至7月21日，中、苏、美、英、法及有关国家在日内瓦举行会议，讨论和平解决朝鲜和印度支那问题。这是新中国首次以五大国之一的地位和身份参加的重要的国际会议。图为4月26日周恩来率领中国代表团步入会场

>> 1971 年 10 月 25 日，第十六届联合国大会通过决议，恢复中华人民共和国在联合国的合法席位。图为五星红旗在联合国总部前升起

>> 1972 年 2 月 21 日至 28 日，美国总统尼克松访问中国，中美关系开始走向正常化。图为 2 月 21 日毛泽东会见尼克松

动队访华，巧妙地发展了中美之间的关系。1972 年 2 月美国总统尼克松访华，开始了中美关系正常化的进程。

1972 年 9 月 25 日至 30 日，日本国内阁总理大臣田中角荣访问中国，9 月 29 日中日两国建立大使级外交关系，实现两国邦交正常化。

随着中美关系的解冻，1972 年出现了西方国家对华建交热潮，中苏关系也开始趋于缓和。同中国建交的国家，从 1965 年的 49 个增加到 1976 年的 111 个，仅 1970 年以后建交的国家就有 62 个。这为后来中国实行对外开放政策创造了有利条件。邓小平后来评价说：“我们能在今天的国际环境中着手进行四个现代化建设，不能不铭记毛泽东同志的功绩。”

1. 毛泽东:《工作方法六十条(草案)》(1958 年 1 月)，《毛泽东文集》第 7 卷，人民出版社 1999 年版，第 350 页。
2. 王兆成主编：《乡土中国的变迁——美国学者在山东邹平的社会研究》，山东人民出版社 2008 年版，第 176 ~ 177 页。
3. 中国在人民公社时期的一种农村管理体制。“三级所有，队为基础”指的是人民公社、生产大队、生产队，以生产队为基本的核算单位。
4. (美) R. 麦克法夸尔、费正清主编：《剑桥中华人民共和国史：中国革命内部的革命(1966 ~ 1982)》，中国社会科学出版社 1992 年版，第 115 ~ 116 页，第 121 页。
5.《毛泽东传（1949 ~ 1976）》（上），中央文献出版社 2003 年版，第 262 页。
6.《建国以来毛泽东文稿》第 13 册，中央文献出版社 1996 年版，第 32 ~ 33 页。
7.《毛泽东传（1949 ~ 1976）》（下），中央文献出版社 2003 年版，第 1391 页。
8. (美) 莫里斯·迈斯纳：《毛泽东的中国及后毛泽东的中国》，四川人民出版社 1990 年版，第 540 页。
9. 转引自（美）R.D. 罗得菲尔德等编：《美国的农业与农村》，农业出版社 1983 年版，第 414 ~ 415 页。
10. 新华通讯社编译：《举世悼念毛泽东主席》，人民出版社 1978 年版，第 432 页。
11. (美) 莫里斯·迈斯纳：《毛泽东的中国及后毛泽东的中国》，四川人民出版社 1990 年版，第 542 页。
12. 周寿棋：《探寻农民健康保障制度的发展轨迹》，载《国际医药卫生导报》2002 年第 6 期。
13. 昆明医学院健康研究所编：《从赤脚医生到乡村医生》，云南人民出版社 2002 年版，第 5 页。
14. 转引自：《江苏农村怎样面对“非典”》，《人民日报》2003 年 5 月 19 日。

1978

下编

2014

从1978年开始，中国进入改革开放新时期。这个新时期已经走过了30多年的时间。30多年来，中国经济快速发展，综合国力明显增强，人民生活水平大幅度提高，在世界上的形象越来越高大。

中共中央总书记、国家主席胡锦涛在中共十七大报告中讲过一段话：“改革开放伟大事业，是在以毛泽东同志为核心的党的第一代中央领导集体创立毛泽东思想，带领全党全国各族人民建立新中国、取得革命和建设伟大成就以及艰辛探索建设规律取得宝贵经验的基础上进行的。新民主主义革命的胜利，社会主义基本制度的建立，为当代中国一切发展进步奠定了根本政治前提和制度基础。”

1978年中国共产党召开十一届三中全会以来，中国共产党总结中国社会主义建设经验，同时借鉴国际经验，以巨大的政治勇气、理论勇气、实践勇气，实行改革开放。经过艰辛探索，形成了中国共产党在社会主义初级阶段的基本理论、基本路线、基本纲领、基本经验，建立和完善了社会主义市场经济体制，坚持全方位对外开放，推动中国社会主义现代化建设取得举世瞩目的伟大成就。

30多年来，中国人坚持不懈探索改革开放的道路，可以分1978-1989、1989-2002、2002-2012、2012-2014四个阶段。这四个阶段，中国的最高领导人分别是：邓小平、江泽民、胡锦涛、习近平。

第四章

1978-1989

1978年12月，中共十一届三中全会在北京召开。这次会议是新中国成立以来中国共产党的历史上具有深远意义的伟大转折。以这次全会为起点，中国进入改革开放和社会主义现代化建设的历史新时期。进入新时期后，邓小平实际上成为中国的最高领导人。以邓小平为核心的中国共产党的第二代中央领导集体，开启了改革开放的历史进程，吹响了建设中国特色社会主义的时代号角，开辟了社会主义事业发展新时期。

>> 打倒“四人帮”的行为得到人民群众的拥护和支持。图为上海一家工厂的职工愤怒声讨“四人帮”祸国殃民的罪行

1. 实践是检验真理的唯一标准

1976 年 10 月，在“文化大革命”中崛起的“四人帮”权力集团遭到逮捕，延续 10 年的“文化大革命”结束，中国开始进入新的历史发展时期。拨乱反正的起步和改革开放的酝酿由此开始。1977 年 2 月 7 日，《人民日报》、《红旗》杂志和《解放军报》发表题为《学好文件抓住纲》的社论。社论公开提出“凡是毛主席作出的决策，我们都坚决维护，凡是毛主席的指示，我们都始终不渝地遵循”的方针（后被称为两个“凡是”）。由于这一方针是以当时传达党中央声音的权威方式公布的，因而得到普遍宣传。这一方针的推行，既给揭批“四人帮”划定了界线，也使得为天安门事件平反和让邓小平恢复工作这两个问题的解决遇到了障碍。

“两个凡是”论显然违背了人民的愿望，社会上要求解放思想的呼声越来越高。1978 年 5 月 11 日，北京著名的报纸《光明日报》以“本报特约评论员”名义，发表了由胡耀邦组织的，由南京大学一位教师执笔，多人参与修改的《实践是检验真理的唯一标准》一文，在社会上引发了关于“真理标准问题”的大讨论。这场讨论推动了党内外思想解放运动的开展，为中共十一届三中全会的召开营造了良好的思想理论氛围。邓小平支持了这场讨论。

时过 10 年之后的 1988 年，邓小平在一本真理标准讨论纪念文集上欣然题词“实践是检验真理的唯一标准”，表明他对这场讨论十分看重，记忆犹新。

实践是检验真理的唯一标准

本报特约评论员

检验真理的标准只能是社会实践

理论与实践的统一，是马克思主义的一个最基本的原则

（下转第二版）

>> 图为《光明日报》刊发的《实践是检验真理的唯一标准》一文

2. 解放思想、实事求是，团结一致向前看

1978 年 11 月 10 日至 12 月 15 日，中共中央召开了一次重要的工作会议，为中共十一届三中全会的召开奠定了重要基础。邓小平为这次会议准备了一篇题为《解放思想、实事求是，团结一致向前看》的发言。

在会议进行中间，邓小平开始准备讲话稿。他亲自写了一个提纲，并找了几个人组织一个班子来着手起草稿子。邓小平谈了他的想法，勾勒了讲话的大纲。

讲话强调两个基本主题：一个是“解放思想”，另一个是民主。强调解放思想是关键，因为当时“左”的思维占据正统，限制着人民的思想，阻碍了“实事求是”路线的贯彻。强调民主的目的也一样，就是鼓励人民说实话。这篇讲话同时讲到了中国共产党工作重心的转移，从阶级斗争转到通过改革发展经济上来。讲话还第一次提出允许让一部分人先富起来的观点。

邓小平自己草拟的讲话提纲，大约 1000 多字，列举了 7 个议题。它们是：

1. 解放思想，开动机器。2. 发扬民主，加强法治。3. 向后看为的是向前看。4. 克服官僚主义、人浮于事。5. 允许一部分先好起来。6. 加强责任制，搞几定。7. 新措施新问题。

在形成稿子的过程中，邓小平多次找起草小组的成员谈话。邓小平谈了要为敢想敢做创造条件，对新事物要采取鼓励态度，要真正搞“双百”方针，要建立健全党规党纪，要制定必要的法律等观点；还谈到权力下放、责任到人问题，批评了把个人摆在中央之上的“新式迷信”；他还提出稿子中要加写“按劳分配”的内容等。

邓小平的讲话为 12 月 18 日至 22 日召开的关键性的十一届三中全会奠定了基调，成为中国共产党新时期思想解放的宣言书。

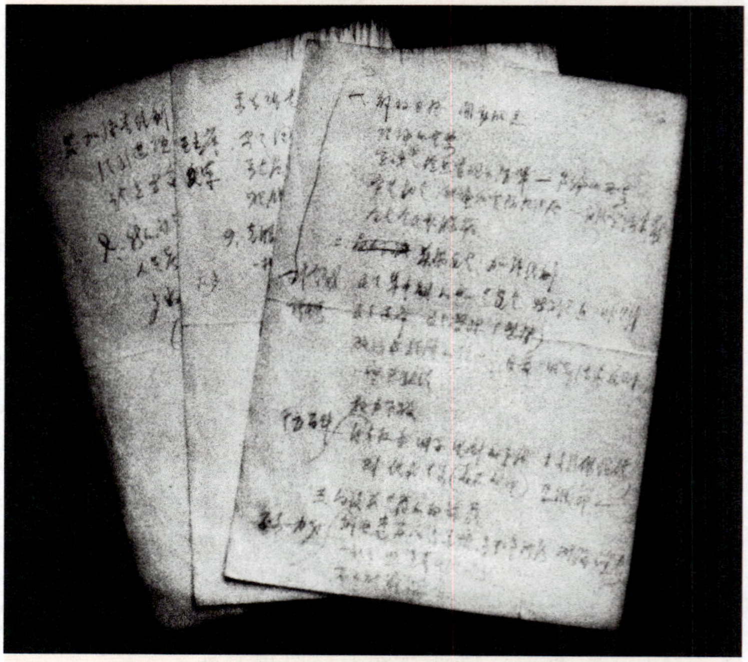

>> 图为邓小平《解放思想，实事求是，团结一致向前看》讲话提纲的手稿

>> 1978 年 3 月，中国全国科学大会在北京人民大会堂隆重召开。邓小平在大会上发表重要讲话，明确指出“现代化的关键是科学技术现代化”、“知识分子是工人阶级的一部分”，重申“科学技术是生产力”。图为 1978 年 4 月，邓小平接见出席全国科技大会的代表时，与青年数学家陈景润握手

>> 1978 年 12 月 16 日，中美两国发表了建交公报。宣布中美两国决定自 1979 年 1 月 1 日起互相承认并建立外交关系。图为在中国科学院研究生院工作的美国专家玛丽·范德·沃特同师生一起畅谈中美两国建交的意义，互致祝贺

>> 1978 年 8 月国家批准建设的上海宝山钢铁总厂，是一个花巨资全套引进外国先进设备的大型钢铁联合企业。1982 年 9 月 17 日宝钢一号高炉顺利封顶。1985 年 9 月，宝钢第一炉钢出炉

3. 不改革，就只有死路一条

作为中国改革开放的总设计师，邓小平的改革开放思想经过了较长时间的酝酿。到国外访问对他触动很大，让他反思中国走过的路。

1974 年，邓小平以副总理身份去联合国发言，亲眼目睹中国和美国之间巨大的发展差距，他感到震惊。他那时就开始酝酿改革的思想了，只是当时的形势让邓小平无法开展改革。

1978 年 10 月，邓小平访问日本时乘坐了一次新干线列车，亲身体验了这种列车像风一样飞驰的高速度。他深有感触地对身边的人说："这就像推着我们跑一样。"

1979 年 1 月，中华人民共和国和美国建立外交关系的几个星期之后，邓小平正式访问美国，这是中华人民共和国成立后中国领导人第一次正式访美。访美加剧了邓小平对中国发展的紧迫感，他说："我们中国再不发展起来，我们就会被开除球籍。"

邓小平选择以改革开放来促进中国发展。他说："不改革，就只有死路一条。"

>> 1979 年 2 月 2 日晚，邓小平副总理和方毅副总理在休斯敦观看马术竞技表演时，挥举斯特森骑士帽向观众致意

>> 图为十一届三中全会召开期间，坐在会议主席台上的邓小平、陈云

4. 解放思想，改革开放

1978 年 12 月召开的中共十一届三中全会在中国道路的开辟上具有里程碑意义。中国人讲改革开放的历史，都是从 1978 年 12 月召开的中共十一届三中全会开始的。

全会开始全面地、认真地纠正“文化大革命”及以前的“左”的错误，确定了解放思想、开动脑筋、实事求是、团结一致向前看的方针；会议否定了毛泽东晚年提出的“无产阶级专政下继续革命”的错误理论，果断地把工作重心从“以阶级斗争为纲”转移到经济建设上来；审查和解决了历史上一批重大冤假错案和一些重要领导人的功过是非问题。全会增选了中央领导机构成员，开始形成了以邓小平为核心的中国共产党的第二代中央领导集体。

会议吹响了改革开放的号角，开启了建设有中国特色社会主义的道路！

>> 1984 年 10 月 1 日，在首都北京举行了欢庆共和国建国 35 周年的盛大庆典，改革开放使中国大地迸发出了勃勃生机，人们终于在 1959 年之后再一次在天安门广场看到了震撼人心的阅兵式

5. 坚持“四项基本原则”

邓小平在启动改革开放进程时，就提出了要始终坚持“四项基本原则”。他指出，要在中国实现四个现代化，必须坚持社会主义道路，必须坚持人民民主专政，必须坚持中国共产党的领导，必须坚持马列主义、毛泽东思想，要把解放思想同坚持四项基本原则统一起来。

对于企图把中国改革引向资本主义方向的“自由化”思潮，邓小平明确表示了反对态度。他说：“自由化是一种什么东西？实际上就是要把我们中国现行的政策引导到走资本主义道路。”美国人库恩认为，邓小平坚持了大的政治框架——在这大的政治框架内制定新的经济框架。这就是说，邓小平没有放弃社会主义。

6. 摸着石头过河

改革开放是中共历史上没有先例的开创性事业，只有靠在实践中摸索前进。邓小平对此提出了一个形象的说法——“摸着石头过河”。

“摸着石头过河的意思就是冒着一定风险，通过反复尝试探索未来的道路，‘实事求是’。”“当开始朝着某个目标进发的时候，我们并不知道会遭遇什么样的挫折和机遇。我们必须从实践中学习。这就是邓小平的格言‘摸着石头过河’的基本思想。”[1]

如何评价改革呢？邓小平认为，只要有利于发展社会生产力，有利于增强国家综合国力，有利于提高人民的生活水平，一切都可学，都可拿来为我所用。这显示了邓小平的务实态度和开放胸襟。

>> 1980年初，牡丹江煤矿机械厂厂长赵成业，发行股票试办“东方家具有限股份公司”。开业半年，便赢得了产品信誉，打开了销路。他的做法冲破了计划经济的禁区，被人们称为“赵大胆”

>> 1982年，浙江杭州电视机厂通过商业、银行、信用社等多种渠道，用分期付款的办法向工厂和农村销售该厂生产的西湖牌电视机

7. 恢复高考制度

1977 年，由于“文化大革命”的冲击而中断的中国高考制度得以恢复，中国重新迎来了尊重知识、尊重人才的春天。

1977 年 8 月 4 日至 8 日，刚恢复工作的邓小平主持召开了科学和教育工作座谈会。在这次座谈会上，邓小平听取了教育界代表的意见，果断地决定当年就恢复高考制度。他说：“从高中直接招生，我看可能是早出人才、早出成果的一个好办法。”

高考制度的恢复，使中国的人才培养重新步入了健康发展的轨道。中国教育部的数据显示，在恢复高考的 30 年间，大中专学校共录取了近 4000 万人。由于这个决定，成千上万的青年人的命运改变了，整个国家的命运也悄然发生了变化。

>> 1977 年底，高考制度恢复，全国有 570 多万名青年参加了高校招生考试，27.3 万人成为新时期第一批大学生。图为参加高考的考生正在认真答卷

8. 改革从农村开始突破

长期以来，中国农村实行的“政社合一”的人民公社体制，剥夺了农民对土地的生产自主权，使农民失去了生产积极性。中国广大农村陷入普遍贫困的泥淖中。农民为了生存，自发地组织起来突破人民公社体制。农民的改革尝试成为伟大的中国改革历程的现实起点。

从 1978 年开始，安徽、四川等省的基层干部和农民群众，在省委支持下，率先开始探索试行包产到组、包产到户、包干到户等多种形式的农业生产责任制，取得很好的效果，迅速扭转了农业生产长期低迷的困难局面，改革的威力初步显现出来。

1978 年 10 月，在安徽省凤阳县的一个叫小岗的偏僻村庄，18 位一贫如洗的农民举行了一次秘密会议。为生存，他们决定把生产队的土地划分成小块，交给农户承包经营。他们还写了一份协议并按上手印。协议说：“……如果将来成功了，我们不会问国家要一分钱一粒米。如果失败了，我们这些带头的人愿意坐牢或判死刑，留下来的人要把我们的孩子抚养到 18 岁。”

这 18 位农民冒着生命危险按下的红手印，成为见证中国人民伟大首创精神的珍贵文物。

>> 当时带头签订协议书，人称“包大胆”的小岗村生产队三名队干部

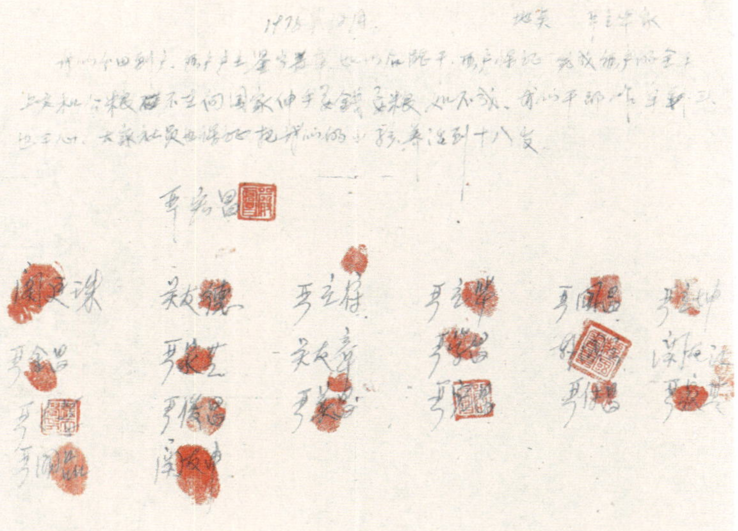

>> 图为小岗村生产队 18 位社员在一份包干协议书上按下的红手印

9. 邓小平等高层领导支持农村改革

1979 年 7 月，邓小平到安徽农村视察，对安徽的农村改革给予肯定和支持。1979 年 9 月，中共十一届四中全会通过了《关于加强农业发展若干问题的决定》，提出要保障基层干部和农民因时因地制宜的生产自主权，发挥其主动性。

后来，中共中央进一步肯定农民的做法，指出包产到户、包干到户是集体经济的生产责任制，是合作经济的一个经营层次。从 1982 年到 1986 年,中共中央接连发了 5 个“一号文件”，引导和推动中国农村改革。以包产到户、包干到户为主要形式的家庭联产承包责任制，作为农村的基本经济制度，在全国各地推广和确定下来。

>> 图为 1979 年底，安徽省固镇县召开的富裕“冒尖户”代表会议。固镇县委领导给代表们戴上光荣花，发给奖状，并分别奖售了缝纫机和自行车，大力表彰他们热爱集体、勤劳致富的事迹 。富不再是可怕的事情了

>> 盛产花生的河南开封，1979 年 18 万亩花生获得丰收。政府按照生产责任制的约定，秋收结算时给农民兑现了超产奖金。图为一对农民夫妇满怀喜悦地在收取自家“责任田”里的花生

10. 农村改革带来了巨大的变化

农民的尝试引起争议，有人担心包产到户、包干到户会导致农村出现资本主义。1980 年 9 月，在中共中央召开的各省市自治区党委第一书记会议上，发生了“阳关道”与“独木桥”的争论。黑龙江省委书记说：“黑龙江是全国机械化水平最高的地区，一搞包产到户，机械化发展受影响，生产成了大问题，是倒退；集体经济是阳光大道，不能退出。”贵州省的省委书记插话道：“你走你的阳关道，我走我的独木桥。我们贫困地区就是独木桥也得过。”

农村改革的实质在于，农民对集体所有的土地具有了生产自主权，农民的生产积极性因而得到了解放。从 1979 年到 1983 年，农业总产值平均年增长率将近 8%。再加上国家提高了部分农产品的收购价格，允许农户进行多种经营，农民收入明显增加。事实改变着人们的思想，这种生产经营制度在中国农村长期坚持下来，成为保持中国农村稳定的基石。

农村实行联产承包责任制后，“政社合一”的人民公社体制随之解体。1983 年 10 月，中共中央作出决定，实行“政社分开”，建立乡（镇）基层政权，同时在农村成立村民委员会作为村民自治组织。

>> 人民公社时期，农民吃“大锅饭”，缺乏生产积极性。1980 年 4 月 8 日，人民公社的牌子首先在四川省广汉县向阳乡（现四川省广汉市向阳镇）被摘下来

>>1979 年年底，争相选购自行车成了农民收入普遍增加的显著标志之一

>>1978 年，凤阳县产粮 2.9 亿斤，1981 年达到 6.4 亿斤。广大社员积极交公粮卖余粮，支援四化建设。图为凤阳农民唱起花鼓灯庆祝丰收

11. 改革从农村向城市延伸

长期以来，在计划经济体制下，中国企业是行政的附属物，没有任何自主权。中国城市经济体制改革首先就是给国营企业“放权让利”，通过扩大企业自主权，调动企业的生产积极性。地处中国内陆腹地的四川省最早进行了这类改革试点。

1978 年 10 月，四川省委选取成都无缝钢管厂等 6 家不同类型的企业，率先进行国企扩大企业自主权的试点。1979 年 1 月，试点企业又增加了 100 家。5 月，国家经委等部门选择首都钢铁公司等 8 家企业进行扩权试点。6 月 25 日，改革试点企业四川宁江机床厂在《人民日报》上登广告，为自己的产品寻找客户。从 1981 年起，首都钢铁公司在企业内部实行经济责任制，给企业注入了活力。

>> 北京大栅栏综合服务合作社是 1979 年 6 月由 20 多名待业青年卖大碗茶发展起来的，1981 年营业总额达到 1587 万元，利润 110 万元，还先后安排了 500 多名青年就业（1982 年摄）

>> 图为四川宁江机床厂在 1979 年 6 月 25 日《人民日报》上登的产品销售广告

12. 对外开放大潮初起

中国对外开放是从沿海的省份开始的。1979年，当时任广东省委主要负责人的习仲勋主动要求广东在改革开放中先走一步，希望中央给广东特殊政策时，邓小平对他说："搞一个经济特区，中央没有钱，可以给些政策，你们自己搞，杀出一条血路来。"

1979年7月15日，中共中央、国务院批转广东省委、福建省委关于对外经济活动实行特殊政策和灵活措施的两个报告，决定先在深圳、珠海两市划出部分地区试办特区，待取得经验后，再考虑在汕头、厦门设置特区。

1980年5月16日，中共中央、国务院正式将特区命名为"经济特区"。中国在广东、福建沿海地区设立4个经济特区，作为对外开放的窗口。

>> 创办于1978年的蛇口工业区，是中国第一个对外开放的工业园区。图为正在建设中的蛇口

>>1980年8月，中国政府正式批准建立深圳经济特区。在中国改革开放的进程中，深圳经济特区一直发挥着"窗口"和"试验田"的作用。图为深圳市罗湖区新貌

13. 私营企业大面积迅速出现

随着国家经济政策的调整，个体工商业得到恢复和发展。到1981年前后，私营企业如雨后春笋般成长起来。

这些私营企业面临着雇佣劳动力的问题，党员是否能够雇工？雇工人数能否超过规定人数？这些问题面临着意识形态的束缚，引发了争论。

对这种现象，1982年7月中共中央领导人在一次谈话中指出，对这种人不表扬、不批评、不戴帽子、不割尾巴，而要趋利避害。

>> 私人经营日用百货、饮食业、手工业、运输业等行业的人一般称之为“个体户”。位于前门大街的“大碗茶”个体商店顾客盈门（1987年摄）

14. 政治体制改革与民主法制建设逐步展开

在推进经济体制改革的同时，也开始了政治体制改革和其他方面的改革和建设。如：逐步废除干部领导职务实际上存在的终身制，推进干部队伍的革命化、年轻化、知识化和专业化；加强各级人民代表大会的工作，省、县两级增设常设机构，县级和县级以下人民代表普遍实行由选民直接选举的制度；恢复、制定和施行了一系列重要的法律法规，加强司法、检察和公安机关的工作。

1980 年 8 月 18 日，邓小平总结政治建设的经验教训，在中央政治局扩大会议上作了题为《党和国家领导制度的改革》的讲话，分析了党和国家领导体制中存在的问题和弊端，提出了政治体制改革的基本任务，为改革党和国家的领导制度，推进政治体制改革指明了方向。

>>广西壮族自治区宜州市屏南乡合寨村（行政村）村民，1980 年 2 月率先实行村民自治，被称为中国“村民自治第一村”。图为 2005 年 3 月 31 日，在历届宜州市山歌比赛中获得第一名的“山歌王”们用山歌颂扬村民自治好

>>1982 年 11 月 26 日，出席第五届全国人民代表大会第五次会议的代表们投票表决中华人民共和国的第四部宪法

>> 著名豫剧演员陈素贞，历史上被错划为右派的问题得到平反以后，又心情舒畅地重新登台演出（1980年摄）

>>1984年7月2日，全国政协主席邓颖超到天津历史博物馆文革查抄物资清退认领处，了解落实政策情况

15. 如何评价毛泽东和毛泽东思想

在这个问题上，邓小平显示了一个政治家的优秀品格和战略眼光。他认为，对毛泽东的历史功绩应充分肯定，要把毛泽东思想和毛泽东晚年所犯的错误区别开来。对毛泽东时代的错误，邓小平认为不能都怪在毛泽东一人身上，中央许多人都有责任，也包括他本人。

1980 年 8 月 21 日、23 日，邓小平在会见意大利记者法拉奇时，对毛泽东作了总体性的评价。他说：毛主席的功绩是第一位的，错误是第二位的。他是中国共产党、中华人民共和国的主要缔造者，“他为中国人民所做的事情是不能抹杀的。从我们中国人民的感情来说，我们永远把他作为我们党和国家的缔造者来纪念”，“他多次从危机中把党和国家挽救过来。没有毛主席，至少我们中国人民还要在黑暗中摸索更长的时间”。

16. 中国共产党对自身历史进行系统总结

早在“文革”期间邓小平第二次复出工作之后，他就组织理论工作者对“文革”中制造的所谓抓生产是“唯生产力论”、建立规章制度是“管、卡、压”、按劳分配是“物质刺激”、讲求经济效益是“利润挂帅”、引进外国先进技术和设备是“洋奴哲学”、学习科学文化是走“白专道路”等谬论进行了驳斥，在一些重要问题上把被颠倒了的思想理论是非纠正过来，在可能的条件下开始有限度的拨乱反正。

1981 年 6 月，中共十一届六中全会通过了《关于建国以来党的若干历史问题的决议》。《决议》对中华人民共和国成立以来的一系列重大历史问题作出了正确的结论，彻底否定了“文化大革命”，最重要的是科学评价了毛泽东和毛泽东思想。《决议》的形成，标志着中共在指导思想上的拨乱反正胜利完成。

到 1982 年底，全国大规模的平反冤假错案工作基本结束。

17. 走自己的道路

1982 年 9 月在北京召开的中共十二大，提出了全面开创现代化建设新局面的纲领，明确提出要从中国实际出发，走自己的道路。

大会提出，中国共产党在新的历史时期的总任务是：团结全国各族人民，自力更生，艰苦奋斗，逐步实现工业、农业、国防和科学技术现代化，把中国建设成为高度文明、高度民主的国家。

这次会议根据邓小平的设想，进一步提出了国内工农业生产总值在 20 世纪末“翻两番”的奋斗目标，即由 1980 年的 7100 亿元增加到 2000 年的 2.8 万亿左右，人民的物质生活达到小康水平。

邓小平在大会开幕词中明确提出了“走自己的道路，建设有中国特色的社会主义”的指导思想。它是中国共产党总结长期历史经验得出的基本结论，也是邓小平理论主题的明确表达。

>> 从 1981 年到 1986 年，中国女排创下的世界排球史上第一个“五连冠”，激发了中国人民的民族自豪感和自信心。图为 1981 年 11 月 16 日，中国女排获得第三届世界杯女子排球赛冠军后领奖

>> 葛洲坝水利枢纽是长江上第一座大型水电站，也是世界上最大的低水头大流量、径流式水电站。1971 年 5 月开工兴建，首台 17 万千瓦机组于 1981 年 7 月 30 日投入运行

18. 乡镇企业异军突起

中共十二大后，中国经济体制改革全面推进。随着农村经济的发展，大批剩余劳动力逐渐从土地上转移出来，进入第二、第三产业就业，使乡镇企业异军突起，这是中国农民的又一伟大创造。

1978 年社队企业总产值只相当于当年农业总产值的 37% 左右。到 1987 年，全国乡镇企业发展到1750多万个，从业人员8805万人，产值达到 4764 亿元，占农村社会总产值的 50.4%，第一次超过农业总产值，成为农村经济的龙头。乡镇企业的异军突起，为解决农业、农村、农民问题，推进中国特色农村工业化、城镇化、现代化，探索出一条成功之路。

中国社会科学院农村发展研究所原所长张晓山向美国作家库恩讲述了他于 80 年代末的一个炎热的夏天，在武汉亲眼所见的农村乡镇企业的场景："几十个青年，大部分是女青年，就在那里做衣服，是出口到韩国去的。她们的工资是计件的：做得越多，拿的钱就越多。工作条件差，但是工人们都十分卖力。"

"当时自己就想，"张晓山沉思道，"这里就是中国经济奇迹的源头……它是建立在千百万中国人的劳动之上的。廉价的劳动力、廉价的土地、适宜的政策和优良的基础设施，这些条件加在一起，制造了中国的经济奇迹。"

>> 中国第一个宣告破产的企业—沈阳市防爆器械厂，1986 年 9 月 25 日被整体拍卖。沈阳市煤气供应公司工程队以 20 万元的报价买下这家破产企业的全部厂房、设备及其他资产。图为拍卖现场

>> 到 1987 年，乡镇企业（1984 年社队企业改名为乡镇企业）产值首次超过了农业总产值。图为著名侨乡广东省潮阳县的一个乡镇企业

>>1986年11月14日，邓小平会见了以纽约证券交易所董事长约翰·范尔霖为团长的美国纽约证券交易所代表团，在接受客人赠送给他的纽约证券交易所的证章和证券样后，将一张上海飞乐音响股份有限公司的股票回赠给客人

19. 城市经济体制改革试点逐步扩大

1984 年 10 月，中国共产党第十二届三中全会总结改革开放经验，通过了《关于经济体制改革的决定》，打破了将计划与市场对立的传统观念，为建设有中国特色社会主义市场经济提供了新的理论指导。

《关于经济体制改革的决定》的实施，使经济体制改革以城市为重点全面展开。

随着自主权的进一步扩大和经济责任制的推行，1984 年，中国工业企业领导体制开始改变原来的党委领导制，推行厂长负责制，厂长独立决策和指挥企业生产经营的局面逐步形成。从 1984 年开始，国家对部分生产资料和农副产品的购销价格实行“双轨制”，推动企业走向市场。此后，一般商品价格从由政府定价逐步转变为由市场定价，从而极大地刺激了市场经济的发展和繁荣。

从 1986 年开始，全民所有制工业企业用工制度以合同制取代固定工制，中国劳动制度改革迈出了重要一步。

>> 1980 年 4 月 10 日，北京航空食品公司被批准成立，5 月 1 日公司在北京正式挂牌。这是改革开放后中国第一家合资企业

>> 1983 年 5 月 7 日，“利用外资企业产品展览会”在京开幕，37 家中外合资企业的 100 多种产品参加展出。图中前排右二为陈慕华，时任国务委员兼对外经济贸易部部长

20. 非公有制经济迅速发展

这一时期，个体经济、私营经济、外资经济等非公有制经济得到迅速发展。

1982 年中共十二大提出，个体经济是公有制经济的“必要的有益的补充”，鼓励并支持适度发展个体经济。

1983 年中共中央关于《当前农村经济政策的若干问题》的文件，提出私营经济“不宜提倡、不要公开宣传、也不要急于取缔”的“三不”政策。

1987 年 1 月，中共中央发出《把农村改革引向深入》的文件，强调对超过雇工人数的私人企业“采取允许存在，加强管理，兴利除弊，逐步引导的方针”[2]，还指出：私人企业“作为经济结构的一种补充形式，对于实现资金、技术、劳力的结合，尽快形成社会生产力，对于多方面提供就业机会，对于促进经营人才的成长，都是有利的”[3]。这个文件正式肯定了私营经济存在的合理性。

非公经济的兴起，使中国的所有制结构突破了单一的公有制结构，形成以公有制为主体、多种经济成分共同发展的局面。

21. 雇工人数的烦恼

改革开放初期的中国，有一个理论难题，就是对私人企业的雇工人数要不要限制。理论界为此辩论了好几年，政府也是举棋不定。这个问题的解决颇具戏剧性。

当时，中国安徽省芜湖市有个叫年广九的市民，以“傻子”为品牌，专门经营瓜子生意（“瓜子”是中国人闲暇时吃的一种零食。它用葵花或西瓜的籽为原料，经过一定的工艺加工，炒制而成）。到 1984 年，他雇工已达 105 人，日产瓜子 9000 公斤。当时的法律规定，个体户雇工人数不能超过 8 人。他的公司显然违反了这一规定，于是一些人主张进行限制。1984 年 10 月 22 日，针对社会上关于年广九是依靠剥削致富的新资本家的议论，邓小平出来讲话了：“我的意见是放两年再看。那个能影响到我们的大局吗？如果你一动，群众就说政策变了，人心就不安了。你解决了一个‘傻子瓜子’，会牵动人心不安，没有益处。让‘傻子瓜子’经营一段，怕什么？伤害了社会主义了吗？”[4]

邓小平的谈话，不仅保护了“傻子瓜子”，而且为非公经济的发展打开了绿灯。有关对雇工经营要不要限制的争论逐渐平息了。

>> 1983 年 1 月，在安徽省芜湖十九道门巷口，人们冒雪排队购买“傻子瓜子”

22. 建立经济特区的政策是正确的

对于特区的性质和特区的前景，无论在中共内部，还是在社会上，均有不同的看法。一些党内干部，仅粗略了解深圳、珠海和其他特区的情况后，就认为广东“变色”了，已经走上了资本主义的道路。

西北某省的一位副省长考察完深圳后，回到宾馆，痛哭流涕：“我简直难以想象，我把我的一生奉献给了革命，到最后世界完全变了。”

有些人将特区比作外国新“租界”。一家香港报纸也从一个不利的角度发表了一系列报道，认为深圳特区“以失败告终”，经济特区在一片“钢铁水泥的丛林”中结束了。

争论非常激烈。邓小平决定亲自到特区看看。

1984 年 1 月，邓小平第一次来到经济特区。1 月 24 日，他在广州火车站对欢迎的人们说：“建经济特区是我的主意，也是党中央的决定。无论是否成功，我都必须来看看。”

去珠海前的那天，早上 9 点，邓小平去宾馆后面的罗三妹山，一直登到山顶。他的警卫员建议他下山时按照原路返回，邓小平幽默地拒绝了：“向前走，我不走回头路。”

邓小平一路看，一路思考。1984 年 2 月 1 日，在除夕之夜，邓小平提笔写下了“深圳的发展和经验证明，我们建立经济特区的政策是正确的。——邓小平，一九八四年一月二十六日。”细心的邓小平在落款时，把时间稍稍提前了一点，写的是他离开深圳的日子。

根据邓小平的建议，1984 年 5 月，中共中央决定进一步开放天津、上海、大连、秦皇岛、烟台、青岛、连云港、南通、宁波、温州、福州、广州、湛江、北海 14 个沿海港口城市。1985 年 2 月，又把长江三角洲、珠江三角洲、闽南厦门泉州三角地区开辟为沿海经济开放区。

>> 1988 年 4 月 26 日，根据中国改革开放形势的需要，海南岛由广东省的一个地级市升格为省，从此海南岛的历史翻开了新的一页

>> 图为 1984 年邓小平视察建设中的深圳

>> 邓小平为深圳特区的题词

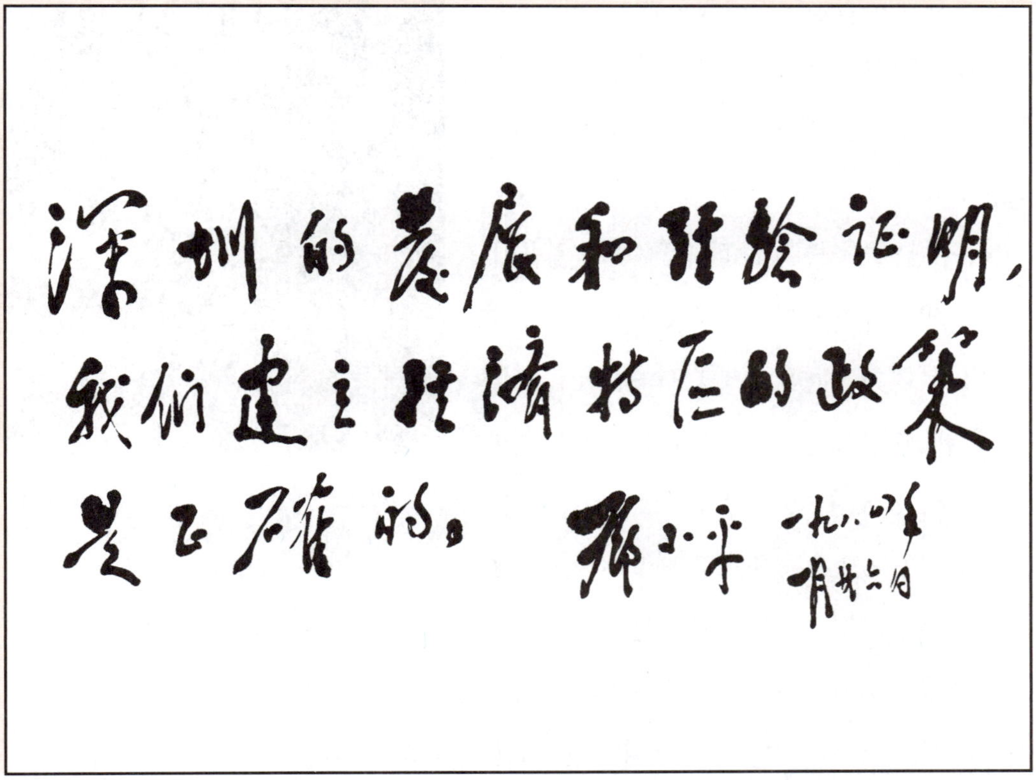

23. 对外开放格局的形成

这样，就逐步形成了“经济特区－沿海开放城市－沿海经济开放区－内地”这样一个多层次的、点面结合的对外开放格局。到1987年，中国累计签订利用外资协议（合同）项目10350项，累计协议金额625.09亿美元。

各种西方学术文化思潮大量涌入中国，西方的科学技术、管理经验、人文科学也被大量引入中国，中国掀起了西方文化热。中国的思想文化和知识领域，一方面呈现出空前的活跃与繁荣，另一方面也承受着强大的冲击和挑战。这种状况促进了中国社会，特别是知识阶层的思想观念的发展与分化。

西方的生活方式、思维方式和流行文化也进入中国，中国和整个世界渐渐地熟悉起来。

科学技术体制改革和教育体制改革提上日程。1985年，中共中央相继作出关于科学技术体制改革和教育体制改革的决定，知识分子为此欢欣鼓舞，教育和科技事业也获得了空前的发展。

邓小平在战争与和平问题上逐渐形成了新的判断，提出“和平与发展是当代世界的两大主题”。1985年6月4日，邓小平宣布裁军100万，宣示了中国追求世界和平的决心。

>> 从1987年底开始，霹雳舞等现代舞风靡一时。年轻人身穿霹雳服，脚蹬霹雳鞋，在都市的大街小巷尽情地跳，一展青春风采

24. 两手抓，两手都要硬

邓小平多次强调，一手抓物质文明，一手抓精神文明，“两手抓，两手都要硬”。1979年9月，叶剑英在庆祝中华人民共和国成立三十周年大会上的讲话中，明确提出建设精神文明的重要任务。1982年3月，“全民文明礼貌月”活动在全国展开。

中国领导人深刻认识到，没有社会主义精神文明，就建设不成中国特色的社会主义。1986年9月，中共召开十二届六中全会，在邓小平关于精神文明建设的论述基础上，通过了《关于社会主义精神文明建设指导方针的决议》。这是中国共产党历史上第一次以党中央的名义通过关于精神文明建设的决议，标志着精神文明建设理论的形成。

>> 在1983年5月1日华山游人遇险时，第四军医大学百余名学员冒着生命危险，抢救游人，受到共青团陕西省委、陕西省学生联合会的表彰

>> 1982年3月1日，全国第一个“全民文明礼貌月”活动开始。少先队员们走上街头，进行宣传活动

>> 图为 1982 年 9 月，邓小平会见来访的英国首相撒切尔夫人，阐明了中国政府对香港问题的立场

25. 一个国家，两种制度

为了解决好香港、澳门和台湾问题，邓小平集中全党智慧，提出了“一国两制”的构想。这一构想主要是在中共十一届三中全会以后形成的。

1982 年 12 月在第五届全国人大第五次会议上正式通过并颁布的《中华人民共和国宪法》第 31 条规定：“国家在必要时得设立特别行政区，在特别行政区内实行的制度按照具体情况由全国人民代表大会以法律规定。”

1984 年 6 月 22 日、23 日，邓小平在会见香港知名人士时发表的“一个国家，两种制度”谈话，比较全面地阐述了“一国两制”思想。他说：“我们的政策是实行‘一个国家，两种制度’，具体说，就是在中华人民共和国内，十亿人口的大陆实行社会主义制度，香港、台湾实行资本主义制度。”“我们对香港的政策长期不变，影响不了大陆的社会主义。中国的主体必须是社会主义，但允许国内某些区域实行资本主义制度，比如香港、台湾。大陆开放一些城市，允许一些资本主义进入，这是作为社会主义经济的补充，有利于社会主义生产力的发展。”

英国前首相撒切尔夫人评价说：“我认为，从历史的观点看，‘一国两制’是最富天才的创造。这种构想看起来是简单的想法，但却是充满想象力的构想，是解决香港问题的关键，是我们达成协议的关键。”

依据“一国两制”构想，从 1982 年开始，中国政府先后同英国政府、葡萄牙政府就香港、澳门的主权回归问题进行谈判，分别于 1984 年 12 月和 1987 年 4 月签署了中英《关于香港问题的联合声明》和中葡《关于澳门问题的联合声明》，成功地解决了历史遗留下的领土主权问题。

26. 两岸关系大为改善

德国前总理施罗德在《理解中国》一书中指出：“台湾问题的关键是美国人。”“中国人肯定愿意同台湾达成一致，但美国反对，中国人甚至允许台湾人拥有他们自己指挥的军队。他们不会宣布，但我想，他们会这么做，如果只是作为一个条件的话。”

1979 年 1 月 1 日，全国人大常委会发表《告台湾同胞书》，宣布采用和平方式统一祖国，呼吁两岸就结束军事对峙状态进行商谈。同月，邓小平在访美期间，谈到中国政府对台湾问题的方针时说：“我们不再用‘解放台湾’这个提法了。只要台湾回归祖国，我们将尊重那里现实和现行的制度。”

1982 年 4 月，海峡两岸历史学者在芝加哥亚洲学会接触，讨论辛亥革命的性质问题。这是两岸学者在 1949 年之后首次正式接触。

1982 年 7 月 24 日，一直居住在大陆并担任要职的国民党元老廖仲恺的儿子廖承志给台湾当局最高领导人蒋经国写信，呼吁两岸开展和谈。

1986 年 4 月，中国大陆拍摄的反映国民党军队 1938 年抗击日本侵略的电影《血战台儿庄》在香港首映。台湾方面获知电影内容后，很快就拿到了拷贝。宋美龄和蒋经国随即观看了电影，并请国民党中常委的全体人员观看。

看完后，蒋经国说：“从这个影片看来，大陆已经承认我们抗战了。这个影片没有往我父亲脸上抹黑。看来，大陆对台湾的政策有所调整，我们相应也要作些调整。”

1987 年 10 月，蒋经国决定开放国民党老兵回大陆探亲，消息公布的第二天，许多人到台北新生南路的红十字会要求寻亲、通信。1988 年 1 月 20 日，由台湾“外省人返乡探亲促进会”组织的第一个台湾返乡探亲团首次来到大陆，海峡两岸民众公开往来的大门打开了。

廖承志致蒋经国先生信

新华社北京7月25日电　7月24日，廖承志致蒋经国先生信，已用电报发往台北。

信的全文如下：

经国吾弟：

咫尺之隔，竟成海天之遥。南京匆匆一晤，瞬逾三十六载。幼时同袍，苏京把晤，往事历历在目。惟长年未通音问，此诚憾事。近闻政躬违和，深为悬念。人过七旬，多有病痛，至盼善自珍摄。

三年以来，我党一再倡议贵我两党举行谈判，同捐前嫌，共竟祖国统一大业。惟弟一再声言“不接触，不谈判，不妥协”，余期期以为不可。世交深情，于公于私，理当进言，敬希诠察。

祖国和平统一，乃千秋功业。台湾终必回归祖国，早日解决对各方有利。台湾同胞可安居乐业，两岸各族人民可解骨肉分离之痛，在台诸前辈及大陆去台人员亦可各得其所，且有利于亚太地区局势稳定和世界和平。吾弟尝以“计利当计天下利，求名应求万世名”自勉，倘能于吾弟手中成此伟业，必为举国尊敬，世人推崇，功在国家，名留青史。所谓“罪人”之说，实相悖谬。局促东隅，终非久计。明若吾弟，自当了然。如迁延不决，或委之异日，不仅徒生困扰，吾弟亦将难辞其咎。再者，和平统一纯属内政。外人巧言令色，意在图我台湾，此世人所共知者。当断不断，必受其乱。愿弟慎思。

孙先生手创之中国国民党，历尽艰辛，无数先烈前仆后继，终于推翻帝制，建立民国。光辉业迹，已成定论。国共两度合作，均对国家民族作出巨大贡献。首次合作，孙先生领导，吾辈虽幼，亦知一二。再次合作，老先生主其事，吾辈身在其中，应知梗概。事虽经纬万端，但纵观全局，合则对国家有利，分则必伤民族元气。今日吾弟在台主政，三次合作，大责难谢。双方领导，同窗挚友，彼此相知，谈之更易。所谓“投降”、“屈辱”、“吃亏”、“上当”之说，实难苟同。评价历史，展望未来，应天下为公，以国家民族利益为最高准则，何发党私之论！至于“以三民主义统一中国”云云，识者皆以为太不现实，未免自欺欺人。三民主义之真谛，吾辈深知，毋须争辩。所谓台湾“经济繁荣，社会民主，民生乐利”等等，在台诸公，心中有数，亦毋庸赘言。试为贵党计，如能依时顺势，负起历史责任，毅然和谈，达成国家统一，则两党长期共存，互相监督，共图振兴中华之大业。否则，偏安之局，焉能自保。有识之士，虑已及此。事关国民党兴亡绝续，望弟再思。

近读大作，有“切望父灵能回到家园与先人同在”之语，不胜感慨系之。今老先生仍厝于慈湖，统一之后，即当迁安故土，或奉化，或南京，或庐山，以了吾弟孝心。吾弟近曾有言：“要把孝顺的心，扩大为民族感情，去敬爱民族，奉献于国家。”旨哉斯言，盍不实践于统一大业！就国家民族而论，蒋氏两代对历史有所交代；就吾弟个人而言，可谓忠孝两全。否则，吾弟身后事何以自了。尚望三思。

吾弟一生坎坷，决非命运安排，一切操之在己。千秋功罪，系于一念之间。当今国际风云变幻莫测，台湾上下众议纷纭。岁月不居，来日苦短，夜长梦多，时不我与。盼弟善为抉择，未雨绸缪。“寥廓海天，不归何待？”

人到高年，愈加怀旧，如弟方便，余当束装就道，前往台北探望，并面聆诸长辈教益。“度尽劫波兄弟在，相逢一笑泯恩仇”。遥望南天，不禁神驰，书不尽言，诸希珍重，伫候复音。

老夫人前请代为问安。方良、纬国及诸侄不一。

顺祝

近祺！

廖承志

一九八二年七月二十四日

>> 图为 1982 年公开发表的廖承志致蒋经国先生信

>>1987 年以后，福建、广东等地成为台商投资的热土。到 1989 年，厦门、福州都有 90 余家台资企业投产。图为厦门的一家台资橡胶企业

27. 邓小平关于社会主义的思考

1985 年 8 月，邓小平在会见津巴布韦总理穆加贝时说：“要实现共产主义，一定要完成社会主义阶段的任务。社会主义的任务很多，但根本一条就是发展生产力，在发展生产力的基础上体现出优于资本主义，为实现共产主义创造物质基础。”

在会见穆加贝之前的一个星期，邓小平在会见坦桑尼亚总统尼雷尔时说：我们总的原则是四个坚持。问题是怎么坚持。是坚持那种不能摆脱贫穷落后状态的政策，还是在坚持四项原则的基础上选择好的政策，使社会生产力得到比较快的发展?

邓小平在会见香港著名学者金庸时，发问道：“世界上有多少种社会主义？总有 100 多种吧。”然后意味深长地说：“没有定规么，中国要走中国特色的社会主义道路。”

>>1985 年 6 月 4 日，在中央军委扩大会议上，中央军委主席邓小平宣布：中国政府决定军队减少员额 100 万。以百万大裁军为标志，我国国防和军队建设从此转到和平时期建设的轨道

>>《邓小平文选》（1975—1982 年）1983 年 7 月 1 日在全国公开发行

28. 社会主义初级阶段

1987 年 10 月在北京召开的中共十三大，系统阐述了社会主义初级阶段理论和党在社会主义初级阶段的基本路线。社会主义初级阶段理论是探索中国道路的理论基石。

社会主义初级阶段的重要意义在于："正确认识我国社会现在所处的历史阶段，是建设有中国特色的社会主义的首要问题，是我们制定和执行正确的路线和政策的根本依据。"

社会主义初级阶段的基本含义："对这个问题，我们党已经有了明确的回答：我国正处在社会主义的初级阶段。这个论断，包括两层含义。第一，我国社会已经是社会主义社会。我们必须坚持而不能离开社会主义。第二，我国的社会主义社会还处在初级阶段。我们必须从这个实际出发，而不能超越这个阶段。"[5]

社会主义初级阶段的基本路线是："领导和团结全国各族人民，以经济建设为中心，坚持四项基本原则，坚持改革开放，自力更生，艰苦创业，为把我国建设成为富强、民主、文明的社会主义现代化国家而奋斗。"[6]

这段话被概括为"一个中心，两个基本点"。

29. "三步走"发展战略

1979 年中国政府把工作重心转移到经济发展上来之后，邓小平就不断地思考今后几十年乃至一百年间中国经济社会建设的总体规划，逐渐形成了以"三步走"为核心内容的建设发展战略理论：自 1978 年后，中国经济建设的战略部署大体分三步走。第一步，实现国民生产总值比 1980 年翻一番，解决人民的温饱问题。这个任务已经基本实现。第二步，到本世纪末，使国民生产总值再增长一倍，人民生活达到小康水平。第三步，到下个世界中叶，人均国民生产总值达到中等发达国家水平，人民生活比较富裕，基本实现现代化。然后，在这个基础上继续前进。[7]

>>《中华人民共和国全民所有制工业企业法（草案）》（简称《企业法（草案）》）在 1988 年春召开的第七届全国人民代表大会第一次会议上审议通过，图为参会的人大代表在审议《企业法（草案）》的小组会上发言

30. 中国经济体制改革快速推进

1987 年 11 月 8 日，新华社报道：中国计划经济模式在改革的 9 年中发生了深刻变化，高度集中的计划经济在经济生活中所占的比重，已由 9 年前的 100% 变为现在的 50% 左右；各类技术、金融、劳务、物资以及人才市场也在蓬勃兴起。

20 世纪 80 年代末，股份制改革浪潮席卷中国大江南北。1988 年，大型国有企业沈阳汽车工业公司作为试点单位改制为沈阳金杯汽车股份公司。

1990 年 12 月 19 日，新中国第一家证券交易所在上海开市。1991 年 7 月，深圳证券交易所成立。这标志着中国的证券市场已由场外分散交易发展到场内集中交易的阶段。

中共十三大开始使用“私营经济”概念，肯定它是公有制经济必要的和有益的补充。1988 年 4 月，七届全国人大一次会议通过宪法修正草案，确定了私营经济的法律地位：“国家保护私营经济的合法权利和利益，对私营经济实行引导、监督和管理。”同年 6 月，国务院颁布了《中华人民共和国私营企业暂行条例》。这些法律规定促进了私营经济的发展。

>> 通过改革开放，中国的社会主义制度焕发出巨大的生机与活力，社会面貌日新月异。图为花园城市珠海

>> 到 2007 年，深圳人均 GDP 达到 10628 美元，成为内地首个人均 GDP 过万美元的城市。图为深圳特区远眺

>> 20 世纪 80 年代，北京中关村先后汇聚了一大批民营 IT 科技公司和销售电子产品的店铺，被称为“电子一条街”。图为 1998 年的中关村街景

1978年，中国城市个体工商业的从业人员只有14万人。1992年，中国已有私营企业14万户，投资者30万人，注册资金221亿元，从业人员232万人。同时，个体工商户达1543万户，注册资金601亿元，从业人员2468万人。

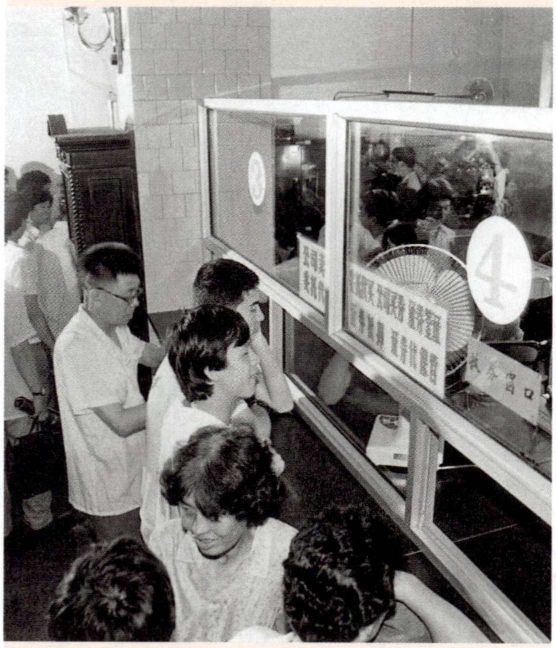

>> 沈阳金杯汽车股份有限公司1988年7月15日首次向社会公开发售100万股，计人民币1亿元的股票。图为群众踊跃购买股票的场面

31. 行政体制改革提上日程

随着经济体制改革的展开，以提高办事效率，铲除官僚主义作风为主要目标的行政体制改革也日显紧迫。在20世纪80年代的上海，一家由国外投资的合资企业要通过审批，得盖126个“图章”，要历时15个月，涉及14个部门、19个办公室。江泽民在任上海市委书记时说，“这种事情还在发生，我感到很惭愧”，“以这种工作效率，我们怎么能期望外国投资者来跟我们做生意？外国投资者受不了这么多的繁文缛节”。1987年秋末，朱镕基担任上海市市长后，为改变这种行政脱节的被动局面，成立了一个新的职能部门。这个部门有权批准在500万美元到3000万美元之间的合资项目。这项服务被认为是“一个窗口，一个图章”的一站式服务，朱镕基因此被人们赞许为“朱一敲”。

铲除官僚主义是一项复杂的工程，时至今日，仍是中国政府在推进政治体制改革中急需解决的问题。

32. 政治体制改革的基本思路

邓小平在多次讲话中阐明了政治体制改革的基本思路。1986 年 9 月 3 日，他在会见日本公明党委员长竹入义胜时说："我们提出改革时，就包括政治体制改革。现在经济体制改革每前进一步，都深深感到政治体制改革的必要性。不改革政治体制，就不能保障经济体制改革的成果，不能使经济体制改革继续前进，就会阻碍生产力的发展，阻碍四个现代化的实现。"[8] 根据邓小平的基本设想，1986 年 9 月，中共十二届六中全会把坚定不移地进行政治体制改革，确定为现代化建设的总体布局的重要内容之一。

1987 年 10 月，中共十三大报告比较系统全面地阐述了关于政治体制改革的目标、原则、步骤、措施等思想。提出"改革的长远目标，是建立高度民主、法制完备、富有效率、充满活力的社会主义政治体制"，"改革的近期目标，是建立有利于提高效率、增强活力和调动各方面积极性的领导体制"[9]。

报告提出了七个方面的改革举措：实行党政分开；进一步下放权力；改革政府工作机构；改革干部人事制度；建立社会协商对话制度；完善社会主义民主政治的若干制度；加强法制建设。

>> 1984 年 12 月 21 日，中共中央在北京召开有各民主党派、全国工商联负责人、无党派民主人士和其他知名人士参加的座谈会，会上对一年来的整党工作情况作了介绍。习仲勋主持了座谈会

>> 为了克服选拔、使用干部只凭少数人说了算的弊端，1988 年，山东省郯城县在全县范围内举行了干部测评推荐活动。这是某乡干部、群众在认真填写对本乡干部的意见

>> 这幅图片反映了官僚主义的危害。湖南省永顺县在1980年破土兴建一座电影院，由于各部门相互扯皮，到1987年，电影院还未竣工。主体工程任风雨剥蚀，门窗霉腐，顶柱弯曲，若要再建，又得拿出一笔相当可观的维修费

>> 官僚主义的又一恶果——1985年福建省机械厅引进的3台1960年代初出产、已大修过两次的冲压设备，前后花去150多万元人民币，买来后却不清楚归谁使用，长期堆放在一个简易工棚里，看上去就像一堆废品

33. 1989 年政治风波的发生与平息

1989 年春夏，极少数别有用心的人利用政府在工作中的失误，利用人民群众对腐败现象的不满，掀起了一场政治风波。

对于这场曾经震动世界的政治风波，2000 年 9 月 3 日，在一档由美国著名电视新闻记者麦克·华莱士主持的访谈节目《60 分钟》中，江泽民说：“1989 年风波中，我们确实理解学生的热情，他们在呼吁更大的民主与自由。”“事实上，我们一直在努力改善民主制度。”他指出，当时确实有人试图“以民主和自由为幌子，利用学生来推翻政府”，这是中国法律所不允许的。

34. 怎样看中国的民主建设

经过多年探索，中国人民走出了一条中国特色的政治发展道路。这条道路的核心就是实现中国共产党的领导、人民民主与依法治国的相统一。这条道路，就是中国人民自己选择的民主之路。

在西方国家的舆论宣传中，中国是一个不民主的国家，中国只搞经济改革，不搞政治改革。

对此，美国作家库恩评论说：“经济改革优先进行，但是政治改革也已经开始实质性地持续、谨慎和有序地进行。比如说，农村地区开始推行相对自由的直选，全国人大和地方人大权力逐渐增强，中国人民政治协商会议角色提升，党和政府高层领导人的任期限制（两个五年任期）。中国需要更多的政治

>> 1986 年 7 月 3 日，中共中央书记处在北京中南海举办法制课。图为胡耀邦参加听课并发表讲话

>> 1983年5月29日，北京市法律工作者在大街小巷设立30多个宣传点，开展以学习、宣传新宪法为主要内容的法制宣传活动。图为他们在解答群众提出的有关法律方面的问题

>> 1984年，北京市一家糕点厂贴出“招贤榜”，民主选举厂长。揭榜者在群众大会上提出“施政纲领”，立下促进企业大发展的“军令状”，经过民主评论和选举后当场上任。图为工人们正在民主选举新厂长

改革，这么说并不错，但是要说中国没有政治体制改革，那必定是错误的。”[10]

美国未来学家约翰·奈斯比特认为：“中国立足于她自己的历史、价值观和需求，正在塑造一个纵向民主的政体。她将在多大程度上与西方的民主观念一致？这一问题只会使西方烦恼不已。中国有她自己的目标和梦想，如何实现？她的人民将会做出决定。”[11]

他还认为：“中国政府自上而下的指令与中国人民自下而上的参与正在形成一种新的政治模式，我们称之为‘纵向民主’。”“中国正处于创建符合自己历史与思维的民主模式的初级阶段。虽然这种纵向模式也有自己的缺点，但是它的主要优点就在于能够使政治家们从为了选举的思维中解放出来，以便制定长期的战略计划。”

“中国领导权掌握在共产党手中，但是中国共产党执政的理念与方式在过去30年中已经发生了巨大变化，转变为吸纳民众自下而上参与的执政党。在这个纵向民主社会中，人民群众自下而上地进行参政议政，政府决策和执行的透明度也在逐步提高。无论‘人民’的定义如何，它都是中国政治体系的中心。”“这一模式适合中国历史、中国人的思维以及对于和谐稳定社会的追求。”[12]“中国正在探索一种兼顾自由与公平的新体制。”[13]

新加坡驻华大使陈燮荣认为：“中国的政治民主进程正在逐步向前推进。中国越来越多的村干部和当地人民代表大会代表由直接选举产生。”[14]

中国人认为，中国必须走民主之路，但民主不是只有西方民主一种模式。中国人正在努力建设一条有中国特色的民主道路。

1.（中）赵启正（美）约翰·奈斯比特（奥）多丽斯·奈斯比特：《对话中国模式》，新世界出版社2010年版，第199～200页。
2.《十二大以来重要文献选编》（下），人民出版社1986年版，第1237页。
3.《十二大以来重要文献选编》（下），人民出版社1986年版，第1237页。
4.《邓小平文选》第3卷，人民出版社1993年版，第91页。
5.《十三大以来重要文献选编》（上），人民出版社1991年版，第9页。
6.《十三大以来重要文献选编》（上），人民出版社1991年版，第15页。
7.《十三大以来重要文献选编》（上），人民出版社1991年版，第16页。
8.《邓小平文选》第3卷，人民出版社1993年版，第176页。
9.《十三大以来重要文献选编》（上），人民出版社1991年版，第35页。
10.（美）罗伯特·罗伦斯·库恩：《中国30年——人类社会的一次伟大变迁》，上海人民出版社2008年版，第41页。
11.（中）赵启正（美）约翰·奈斯比特（奥）多丽斯·奈斯比特：《对话中国模式》，新世界出版社2010年版，序二。
12.（中）赵启正（美）约翰·奈斯比特（奥）多丽斯·奈斯比特：《对话中国模式》，新世界出版社2010年版，第197～198页。
13.（中）赵启正（美）约翰·奈斯比特（奥）多丽斯·奈斯比特：《对话中国模式》，新世界出版社2010年版，第203页。
14.《关注中国——41位驻华官员谈中国共产党》，红旗出版社2011年版，第196页。

第五章

1989-2002

1989年6月24日中共十三届四中全会召开后，江泽民成为中国最高领导人。在以江泽民为核心的中国共产党第三代中央领导集体领导下，以1992年邓小平南方谈话和中共十四大为标志，中国改革开放和现代化事业进入从计划经济体制向社会主义市场经济体制转变的新阶段，由此打开了中国经济、政治、文化发展的崭新局面，中国特色社会主义伟大事业成功迈向21世纪。

>> 浦东开发后面貌日新月异。图为上海陆家嘴金融城全景（2009 年摄）

AURORA
MINT

>>1990 年 4 月 7 日，中国成功发射“亚洲一号”卫星，把中国首次承揽发射的第一颗外国卫星送上太空。图为吊装完毕的火箭矗立在发射架上

1. 继续改革开放

江泽民当选为最高领导人之后，中国继续沿着改革开放的道路前进。

1990 年 4 月，根据邓小平的提议，启动了上海浦东新区开发开放的战略举措。继 1985 年和 1988 年两次出现吸引外商直接投资高潮后，1991 年出现第三次外商投资高潮。到 1992 年，中国已同 200 多个国家和地区发展了贸易、科技、文化交流与合作。

1990 年 8 月，在北京成功举办了第十一届亚运会。

这一时期，中国同沙特阿拉伯、新加坡、文莱、以色列、韩国、独联体各国建立了外交关系，同越南实现了关系正常化，同印度尼西亚恢复了外交关系。

>> 1990 年 8 月 22 日，第十一届亚洲运动会在北京开幕，这是中国首次举办国际综合性运动会。图为中共中央总书记江泽民点燃第十一届亚运会的第一支火炬

>> 1989 年，中国和美国、日本、韩国等亚太国家共同发起成立亚太经济合作组织，以推动区域合作。图为 1998 年 11 月，江泽民参加在马来西亚首都吉隆坡召开的亚太经合组织领导人非正式会议，与参加会议的有关国家和地区的领导人合影

2. 加强共产党的自身建设

中国发展的关键在中国共产党。江泽民上任之初，按照邓小平“这个党要好好抓了”的政治嘱咐，全面推进了中国共产党的自身建设。

1989 年 8 月 28 日，中共中央发出《关于加强党的建设的通知》，下决心解决好党的建设中存在的迫切问题。12 月 21 日，中共中央发出《关于加强和改善党对工会、共青团、妇联工作领导的通知》的文件，要求充分发挥工会、共青团、妇联等群众组织的作用。12 月 30 日，中共中央发出《关于坚持和完善中国共产党领导的多党合作和政治协商制度的意见》。

1990 年 3 月，中共十三届六中全会召开，通过《关于加强党同人民群众联系的决定》，强调能否保持和发展中共同人民群众的血肉联系，直接关系到党和国家的盛衰兴亡，提出在党内普遍深入地进行教育，克服腐败现象。

中国共产党从制度建设和思想教育两方面入手，与时俱进，保持党的先进性和凝聚力。

>> 中共中央紧紧围绕经济建设这个中心开展反腐倡廉工作，坚持从严治党的方针，并制订了一系列规章制度。这是 1995 年 11 月，贵州省查处全省党政干部超标准使用小轿车情况

>> 在加强党的建设过程中，各级党组织把学好邓小平理论放在突出位置。图为新华书店发售《邓小平文选》第三卷的情景。该书收录了邓小平 1982 年 9 月至 1992 年 2 月期间的重要著作。1993 年 1 月出版发行

3. 市场也可以为社会主义服务

1989 年北京政治风波发生后，中国改革出现了某种停滞。特别是苏联、东欧剧变后，共产党内一部分人对中国会不会被西方国家“和平演变”的担忧骤然加重，政治界、理论界又出现了干什么事情都要问姓“社”还是姓“资”的倾向，一些人把市场取向的经济改革视为走资本主义道路。中国经济改革的方向不明朗，步伐慢了下来。

1990 年，经济出现滑坡，个体经济下降 50%，私营经济下降 15%。邓小平看在眼里，急在心里。他担心经济发展速度降下来，会影响经济“翻两番”目标的实现，说：“使我们真正睡不着觉的，恐怕长期是这个问题。”

1990 年 12 月 24 日，邓小平在与其他领导人谈话时指出：“我们必须从理论上搞懂，资本主义与社会主义的区分，不在于计划还是市场这样的问题。不要以为搞点市场经济就是走资本主义道路，没那么回事。计划和市场都得要。不搞市场，连世界上的信息都不知道，是自甘落后。”

1991 年 2 月，邓小平在上海过春节，在与中共上海市委书记朱镕基等人谈话时指出：“不要以为，一说计划经济就是社会主义，一说市场经济就是资本主义，不是那么回事，两者都是手段，市场也可以为社会主义服务。”

>> 1993 年 8 月 7 日，1985 辆雪佛兰汽车从美国运抵天津港，美方人员打出一幅写有“感谢你，中国”的横幅

>> 深圳经济特区股票交易所 1991 年挂牌营业。到 1995 年，深交所的股票成交额达 8944 亿股

>> 1992 年 1 月 23 日，在前往珠海的快艇上，邓小平指着广东地图对广东省委书记谢非说：“广东要争取 20 年赶上亚洲‘四小龙’。”

4. 邓小平发表“南方谈话”

关键时刻，邓小平力挽狂澜，扭转方向。1992年1月18日，邓小平不顾已经88岁高龄，毅然启程南下。他先后来到武昌、深圳、珠海、上海等地，前后历时35天时间，一路走，一路讲。这就是著名的“南方谈话”。

邓小平强调，革命是解放生产力，改革也是解放生产力。不坚持社会主义，不改革开放，不发展经济，只能是死路一条。基本路线要管一百年，动摇不得。只有坚持这条路线，人民才会相信你，拥护你。谁要改变三中全会以来的路线、方针、政策，老百姓不答应你，谁就会被打倒。[1]

他还提出，改革开放胆子要大一些，敢于试验。看准了的，就大胆地试，大胆地闯。判断的标准，应该主要看是否有利于发展生产力，是否有利于增强国家的综合国力，是否有利于提高人民的生活水平。

邓小平指出，计划多一点还是市场多一点，不是社会主义与资本主义的本质区别。计划经济不等于社会主义，资本主义也有计划；市场经济不等于资本主义，社会主义也有市场，计划和市场都是手段。社会主义的本质是解放生产力、发展生产力，消灭剥削、消除两极分化，最终达到共同富裕。

他强调，“右”可以葬送社会主义，“左”也可以葬送社会主义。中国要警惕“右”，但主要是防止“左”。

邓小平强调，中国的经济发展，总要力争隔几年上一个台阶。他还说，科学技术是第一生产力，在高科技领域，中国也要在世界占有一席之地。

邓小平强调，从现在起到21世纪中叶，将是很要紧的时期，中国人要埋头苦干。

>> 1992年2月10日，邓小平参观上海贝岭微电子制造有限公司。邓小平问：“这台进口设备姓‘社’还是姓‘资’？”

>> 天津港保税区是 1991 年 5 月 12 日经国务院批准设立的中国第一个保税区，到 1994 年已有 2500 余家企业在区内落户，投资总额 19 亿美元；其中“三资”企业 1928 家，投资总额 12.8 亿美元

5. 邓小平“南方谈话”的影响

邓小平的“南方谈话”，在重大历史关头，科学地总结了 1978 年以来中国的基本实践和基本经验，明确回答了长期困扰和束缚人们思想的许多重大认识问题，对整个社会主义现代化建设事业产生了重大而深远的影响，是又一次思想解放的宣言书。谈话内容发表后，在中国社会引起了强烈反响，笼罩在中国人头顶上的思想疑云被一扫而空，极大地推进了中国改革开放的进程。

1992 年，以“南方谈话”和中共十四大为标志，改革开放和现代化建设事业进入从计划经济向社会主义市场经济体制转变的新阶段。

邓小平这位“关键先生”，在中国改革开放的关键时刻再次发挥了关键作用。

美国著名学者傅高义认为，邓小平这样的领袖，不仅在中国，而且在全世界都是最杰出的，他所具有的经验、威望和眼光在当时的世界上可以说是独一无二的。俄罗斯和东欧的一些政要和学者也认为，中国有邓小平这样的领导者是十分幸运的。

美国《时代》周刊曾两度评选邓小平为年度风云人物。该刊认为：“邓小平倡导的全面的经济改革，解放了 10 亿人民的生产力。邓小平实行的改革使中国人民日常生活发生了巨大变化，使时隔短短几年再次造访中国的外国人几乎都难以相信。在改变人民生活这一点上，没有哪个国家的领导人能比得上邓小平。”

>> 邓小平南方谈话发表后，胶东半岛兴起了“股东”热。数百万农民开始大量购入股票，争尝做“股东”的滋味。图为山东省桓台县一位农民，个人入股 40 万，买回起凤镇暖气片厂的大半股票，成为企业的“大老板”

>> 四川省主动走出去招商，1993 年 4 月在香港举办招商洽谈会，推出了 2000 多个招商项目，并展示了四川招商引资的总体优势。图为洽谈会现场引人注目的中国火箭模型和各类四川产品

6. 探索社会主义市场经济体制

通过改革建立什么样的经济体制，成为摆在中国最高领导人江泽民面前的一大理论课题。

在一系列调研基础上，1992 年 6 月 9 日，江泽民来到中共中央培训高级干部的场所——中央党校，发表了重要讲话。谈到中国经济体制改革目标时，江泽民说："我个人的看法，比较倾向于使用'社会主义市场经济体制'这个提法……虽然这是我个人的看法，但也和中央一些同志交换过意见，大家基本上是赞成的。"

江泽民还就此向邓小平作了汇报。邓小平说："实际上我们是在这样做，深圳就是社会主义市场经济。不搞市场经济，没有竞争，没有比较，都发展不起来。"邓小平还说："在党校的讲话可以先发内部文件，反应好的话，就可以讲。这样十四大就有了一个主题了。"

>> 1992 年下半年开始，各地的招商引资工作陆续展开。图为 11 月 8 日至 11 日江西省南昌市举办的首届对外招商引资洽谈会。洽谈会接待了来自世界各国的 500 多位客商，签订了经济合作项目及协议近 200 个，总投资额 15 亿多美元

>> 1982 年建成的浙江省义乌市小商品市场经营小百货、服装、针织品等 3 大类 4000 多个品种，它以价格低、品种全、信息灵、守信誉的经营特色，招徕四方商贾，在市场经济中持续壮大

>> 武汉市每天约有一百万人在街上吃早餐。市政府通过放开餐饮市场解决了市民吃早餐难的问题。八千多个个体摊点承担了 70% 的早餐供应

7. 确立社会主义市场经济体制

1992 年 10 月 12 日至 18 日，在北京召开的中共十四大确立了邓小平建设有中国特色社会主义理论在全党的指导地位，概括了这个理论的主要内容，第一次比较系统地回答了在中国这样一个经济文化比较落后的国家如何建设、巩固和发展社会主义的一系列根本问题。

大会明确提出，中国经济体制改革的目标是建立社会主义市场经济体制。社会主义市场经济体制，是同社会主义基本制度结合在一起的，就是要使市场在社会主义国家宏观调控下对资源配置起基础性作用。

大会还提出，在所有制结构上，以公有制包括全民所有制（也即国有）和集体所有制经济为主体，个体经济、私营经济、外资经济为补充，多种经济成分共同发展，不同经济成分还可以自愿实行多种形式的联合经营。

>> 中共十四大召开后，中共中央及时邀请各民主党派、全国工商联负责人和无党派知名人士座谈，图为中共中央总书记江泽民亲自在会上向大家介绍十四大情况

>> 中共十四大召开以后，中国的对外开放很快形成全方位、多层次的新格局。外商投资区域从过去的沿海地区扩展到内陆。武汉的外商投资额大幅度增加。到 1997 年，武汉经济技术开发区已发展成一座初具规模的“汽车城”

8. 社会主义市场经济成为中国道路的基本特征

邓小平 1977 年复出时曾感慨道："我们太穷了，太落后了，老实说对不起人民。"经过十几年的摸索，中国人找到了改变贫穷的办法——建设社会主义市场经济。

曾任美国国务卿的基辛格在一篇文章中说："现实生活中不存在纯粹的市场制度和计划经济，美国是最开放的市场经济，但政府在一些要害部门中发挥着重要作用；世界各地的领导人不约而同得出这样一个结论：总的来说，市场为持续经济发展提供了较好的基础。但实现这一目标的方式与试图搞计划的国家一样多，改革过程必须与各个国家的经济社会文化环境相一致。"

曾任美国《时代》周刊资深记者，现任高盛公司资深顾问的乔舒亚·库珀·雷默在接受新华社记者采访时说："中国现在有市场经济成分，也有社会主义经济成分……中国是市场经济与社会主义经济的融合体。"

社会主义市场经济追求经济效率与社会公平的统一。

尼泊尔驻华大使奥坦卡·普拉萨德·卡尔基认为："中国走的是社会主义市场经济道路，这是非常独到的创新。这条发展道路保证了中国生产力的发展所带来的利益能够为全体中国人民所共享。"[2]

>> 社会主义市场经济极大地促进了生产力的发展和社会财富的增加，城乡居民的实际收入、消费水平和生活质量有了明显提高。1996 年全国肉、蛋、水产品、蔬菜人均占有量均达到和超过世界平均水平。图为广东省南海市大沥镇农贸市场一角

>> 广大农民也成了驾驭市场经济的能手。河北省乐亭县涌现出 3000 多名农民经纪人。他们发挥信息灵通、市场熟悉的特长，把当地产的蔬菜、水果等销往全国甚至海外。图为 1998 年乐亭县蔬菜、瓜果装车外销场景

9. 社会主义市场经济体制逐步健全

1993 年 11 月，中共十四届三中全会通过了《关于建立社会主义市场经济体制若干问题的决定》，将十四大提出的市场经济体制改革的目标和基本原则具体化，进一步勾勒了社会主义市场经济体制的基本框架，明确了国有企业改革的基本方向——建立现代企业制度。《决议》成为中国在 20 世纪 90 年代进行经济体制改革的行动纲领。

中国向市场经济体制转轨选择了渐进式战略。按照江泽民提出的“稳定是前提，改革是动力，发展是目标，三者相互促进”的原则，中国正确处理了改革、发展和稳定的关系，及时总结经验，使改革开放之路走得比较平稳。

1993 年，在市场经济负面效应初现的情况下，中国政府加强宏观调控，实现了经济从发展过快到“高增长、低通胀”的“软着陆”，避免了经济发展过程中的大起大落，初步显示了社会主义市场经济体制的优越性。

与建立社会主义市场经济体制相适应，中国加大了对外开放力度，建立了一大批经济技术开发区和保税区，开放了哈尔滨等 4 个边境、沿海省会城市和太原等 11 个内陆省会城市以及一大批内陆市县。到 1997 年，中国对外开放的一类口岸达到 235 个，二类口岸达 350 个，逐步形成了从沿海到沿江、从沿边到内陆，多层次、多渠道、多种形式的全方位对外开放的新格局。中国与世界的联系更加紧密了。

>> 一大批国有企业也在市场经济的大潮中学会了搏击风浪的本领。四川长虹电器股份有限公司确立了“以市场为中心，以用户为上帝，以效益为核心，以竞争为动力”的经营观念，成为中国彩电业的“排头兵”

10. 建立现代企业制度，推进国有企业的战略性改组

中共十四大报告明确宣布："转换国有企业特别是大中型企业的经营机制，把企业推向市场，增强它们的活力，提高它们的素质。这是建立社会主义市场机制的中心环节，是巩固社会主义制度和发挥社会主义优越性的关键所在。"[3]

1993年11月，中共中央《关于建立社会主义市场经济体制若干问题的决定》提出，建立现代企业制度是发展社会化大生产和市场经济的必然要求，是国有企业改革的方向。现代企业制度的基本特征包括产权关系明晰，企业自主经营自负盈亏，出资者享有所有者权益和相应责任，企业在市场竞争中优胜劣汰，建立科学的企业领导体制和组织管理制度等，可精炼为十六个字——"产权清晰、权责明确、政企分开、管理科学"。《决定》充分肯定，国有企业实行公司制，是建立现代企业制度的有益探索。[4] 随后，建立现代企业制度的试点工作全面展开，试点的内容和范围逐步扩大。

1995年5至6月，江泽民在考察了江苏、浙江、上海以及辽宁、黑龙江、吉林等省市的近50家国有企业后指出："目前还有一些

>> 人才资源的自由流动与合理配置是建立社会主义市场经济体制的一项重要内容。随着经济体制改革不断深化，中国的劳务市场蓬勃兴起。图为20世纪90年代杭州的一次联合招聘招工大会现场

>>从1994年起，国有企业改革开始进入转换经营机制、建立现代企业制度的阶段。国有特大型骨干企业东风汽车公司通过一系列跨国合作，引进外资对老工业基地进行重组改造，起死回生。图为东风汽车公司十堰商用车基地车间一景

国有企业在市场竞争中面临着不少困难和问题。其原因是多方面的，情况比较复杂。但是，有一点可以肯定，部分国有企业缺少活力，不是由于所有制问题，而是由于企业机制问题、外部环境问题和历史遗留问题，这些问题是完全可以通过深化改革逐步加以解决的。”[5] 因此，要进一步坚定搞好国有企业的决心和信心。

1995 年 9 月，中共十四届五中全会提出，以建立现代企业制度为目标，把国有企业改革同改组、改造和加强管理结合起来，加大改革力度，使大多数国有大中型骨干企业在 20 世纪末初步建立现代企业制度，成为自主经营、自负盈亏、自我发展、自我约束的法人实体和市场竞争主体。

1996 年，各地依照《中华人民共和国公司法》，基本完成了对原有股份公司的规范工作。到 1996 年底，中国以国有企业为主改建的股份有限公司达 9200 多家，股本总额达 6000 亿元。到 2002 年，大多数国有大中型骨干企业初步建立现代企业制度，其中相当一部分在境内外上市，涌现出一批有实力、有活力和有竞争力的优势企业。

11. 实施科教兴国战略

进入 20 世纪 90 年代，世界科技和经济发展呈现出新的趋势，综合国力的竞争越来越首先表现为科技实力的竞争，“科学技术是第一生产力”的思想越来越得到实践的证实。以江泽民为核心的中国共产党第三代中央领导集体，将“科教兴国”作为一项重要战略郑重地提出来。

早在 1991 年 5 月，江泽民就明确指出，坚持科学技术是第一生产力，把经济建设真正转移到依靠科技进步和提高劳动者素质的

>>“科教兴国”是中国现代化建设的一个重要战略决策。高等院校是培养高素质人才的重要场所。图为清华大学的部分博士和硕士学位获得者，在离校前拍照留影

>> 旨在救助贫困地区失学少年的希望工程于 1989 年 10 月 30 日正式启动。1990 年 5 月，中国第一所希望小学——安徽金寨县希望小学正式落成。图为希望工程宣传照“我要读书”

轨道上来。1994年江泽民又提出："把经济建设转到依靠科技进步和提高劳动者素质的轨道上来，真正把教育摆在优先发展的战略地位，努力提高全民族的思想道德素质和科学文化素质。这是实现我国现代化的根本大计。"[6]经过一段时间的探索，1995年5月6日，中共中央、国务院作出《关于加速科学技术进步的决定》，正式提出科教兴国战略。

1995年5月26日至30日，中共中央、国务院在北京召开全国科学技术大会。江泽民在会上对科教兴国战略做了系统阐述。他指出："科教兴国，是指全面落实科学技术是第一生产力的思想，坚持教育为本，把科技和教育摆在经济社会发展的重要位置，增强国家的科技实力及向现实生产力转化的能力，提高全民族的科技文化素质，把经济建设转到依靠科技进步和提高劳动者素质的轨道上来，加速实现国家繁荣强盛。这是顺利实现'三步走'战略目标的正确抉择。实施科教兴国战略，必将大大提高我国经济发展的质量和水平，使生产力有一个新的解放和更大的发展。"[7]他提出了一个关于创新的著名论断："创新是一个民族进步的灵魂，是国家兴旺发达的不竭动力……一个没有创新能力的民族，难以屹立于世界先进民族之林。"[8]

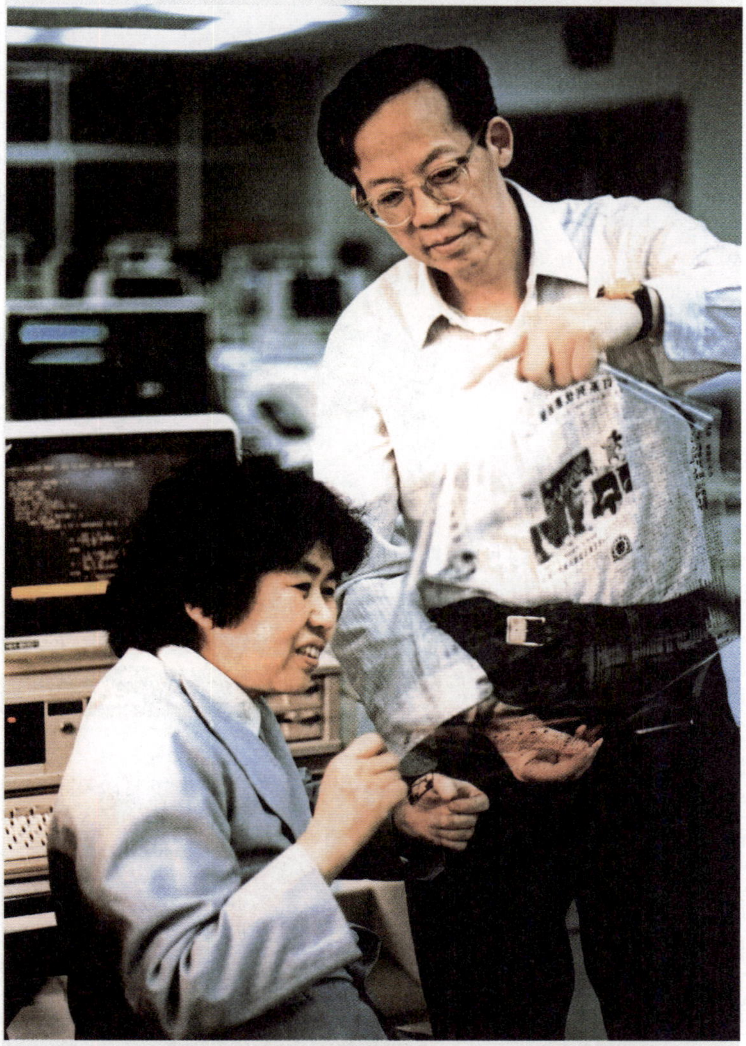

>> 中国著名计算机应用专家王选（1937 ~ 2006）主持研制的汉字激光照排系统，被公认为是毕昇发明活字印刷术后中国印刷技术的第二次革命。图为1994年王选与妻子陈堃銶一起查看汉字激光照排系统输出的排版胶片

>>1995年5月，中国开始实行每周5天工作制，1999年"十一"又推出黄金周休假制度，使中国人每年的法定休息日达到了114天，中国人的生活中有了更多的闲暇和自由。图为年轻人在海边潜水游玩

>>1997年6月18日，重庆直辖市正式挂牌。经过3000多万重庆人民的辛勤建设，山城面貌发生了日新月异的变化。图为2009年拍摄的重庆朝天门码头夜景

12. 实施可持续发展战略

20 世纪，世界经济、科技和社会发展迅速，但也造成了严重的资源浪费和环境污染。实现可持续发展，越来越成为各国推进经济和社会发展的战略选择。可持续发展的思想最早源于环境保护，中国的可持续发展战略则是在计划生育和保护环境两项基本国策的基础上逐步形成的，并与优化产业结构、转变经济增长方式等问题紧密联系。1995 年中共十四届五中全会宣布：可持续发展是中国推进社会主义现代化的一项重大战略。

可持续发展战略的重点一是人口问题，一是资源和环境问题。对于前者，国务院在强调坚持原有的计划生育基本国策、控制人口数量的基础上进一步提出，人口问题还包括人口素质的提高，要促进国民素质的全面发展。对于后者，国务院于 1995 年至 1996 年陆续提出，不能走浪费资源和先污染后治理的工业化老路；在加快发展中决不能以浪费资源和牺牲环境为代价，以生态环境良性循环为基础的经济发展才是健康的和可持续的。

13. 实施西部大开发战略

到 20 世纪 90 年代末，不仅地区发展不平衡状况仍然存在，而且国内出现了有效需求不足的困境，幅员辽阔、资源丰富的西部地区，可以为那些受到内需不足制约而正在寻找发展空间的企业提供新的市场需求和资源接续。此外，产业结构调整的压力、生态环境保护的严峻性以及威胁少数民族地区稳定的经济落后问题等，都对开发西部提出了迫切的要求。与此同时，中国总体上已达到实现小康水平的第二步战略目标，沿海发达地区积累了相当的实力，加快中西部地区发展的条件已经基本具备，时机已经成熟。

1999 年 9 月，中国共产党第十五届四中全会通过中共中央《关于国有企业改革和发展若干重大问题的决定》，提出“国家要通过优先安排基础设施建设、增加财政转移支付等措施，支持中西部地区和少数民族地区加快发展。国家要实施西部大开发战略”[9]。

同年 11 月，江泽民在中央经济工作会议上对西部大开发战略做了总体部署，他说:“关键是要制定正确的发展战略和有力的政策措施。要把西部大开发同实现第三步战略目标结合起来，把国家对西部地区的支持同发挥市场机制的作用结合起来，把加快西部经济

>> 西气东输是中共中央、国务院西部大开发的标志性工程。2002 年 7 月 4 日正式开工建设。图为 2003 年 10 月 1 日，西气东输管道东段建成投产

发展同促进社会进步结合起来，把开发和开放结合起来。西部大开发是一项宏大的工程，必须统筹规划，突出重点，有步骤、分阶段地实施。必须紧紧依靠西部地区干部群众的积极性，自强不息，艰苦奋斗。同时，国家要逐步加大对西部地区的投入，并通过政策引导，吸引更多的国内外资金、技术和人才。"[10]

2000 年 1 月，国务院成立西部地区开发领导小组。中西部地区各省、市、自治区也立即行动起来，从组织上和政策措施上加以落实。国家计委公布，2000 年将在西部地区新开工十大工程，作为西部大开发的序幕。

>>1999 年 10 月 1 日，中华人民共和国迎来了她辉煌的第 50 个生日。50 万各族军民在天安门广场上以盛大的阅兵仪式和群众游行，欢庆这一盛大节日。图为江泽民在检阅部队

14. 依法治国，建设社会主义法治国家

中共十五大报告对政治体制改革和民主法制建设进行了深刻论述，其中最突出的理论贡献就是提出要“依法治国，建设社会主义法治国家”，并将依法治国作为中国共产党领导人民治理国家的基本方略。

1996 年 2 月 8 日，江泽民首次对依法治国基本方略进行了系统全面的阐述。他指出，实行和坚持依法治国，就是使国家各项工作逐步走上法制化的轨道，实现国家政治生活、经济生活、社会生活的法制化、规范化；就是广大人民群众在党的领导下，依照宪法和法律的规定，通过各种途径和形式，管理国家事务，管理经济和文化事业，管理社会事务；就是逐步实现社会主义民主的制度化、法律化。实行和坚持依法治国，对于推动经济持续、快速、健康发展和社会全面进步，保障国家长治久安，具有十分重要的意义。

1996 年 3 月 17 日，八届全国人大四次会议把“依法治国，建设社会主义法制国家”作为一条基本方针，写入《国民经济和社会发展“九五”计划和 2010 年远景目标纲要》。此后，“法律实务界和法学界关于依法治国的探讨形成热潮，有关‘法制’与‘法治’的讨论成为一大焦点”。[11]

1997 年 9 月，江泽民在中共十五大报告中第一次把依法治国提到治国方略的高度，并明确提出了建设社会主义法治国家的目标。报告提出，依法治国，是共产党领导人民治理国家的基本方略，是发展社会主义市场经济的客观需要，是社会文明进步的重要标志，是国家长治久安的重要保障。把依法治国作为治国方略，标志着中国共产党执政方式和我国政治发展的模式的创新。

1999 年 3 月 15 日，九届全国人大二次会议通过了宪法修正案，把“依法治国，建设社会主义法治国家”写进了宪法，从而翻开了中国民主法制建设史上的新的一页。

市场经济是法制经济。从 1993 年至 1997 年，中国全国人大及其常委会制定了近百个法律及有关法律的决定，其中大多数属于市场经济方面的立法。

>>1992 年以来，《涉外投资法》、《对外贸易法》、《涉外合同法》等法律法规相继颁布，逐步建立起符合国际通行规则的法律体系。图为浙江温州市对外经济律师事务所工作场景

>> 中国共产党恪守执政为民的理念，对党员干部队伍中的各种消极腐败、违法乱纪行为绝不姑息。图为1995年11月10日最高人民检察院成立反贪污贿赂总局

>> 1998年4月19日，浙江省衢州市北二村两位村干部在土地改革时留下来的旧黑板上统计村委会候选人的得票张数

15. 村民自治正式推开

改革开放以后，中国农民开始尝试用村民自治的方法进行自我管理。1982年我国修订颁布的《宪法》第111条规定“村民委员会是基层群众自治性组织”。1988年，《村民委员会组织法（试行)》颁布，村民自治工作开始有法可依。

1997年，美国亚特兰大的卡特中心派出一个由7名美国人和加拿大人组成的代表团，观察了中国福建和河北的基层选举。罗伯特·帕斯特是这个代表团的团长，他说：“几乎所有的村民都出来投了票，投票率比美国高多了。中国农村的选民对选举的关注比我预想的要强得多。”

1998年6月10日，中共中央办公厅和国务院办公厅联合发出《关于在农村普遍实行村务公开和民主管理制度的通知》，对村民自治工作给予政策支持。

同年11月4日，《中华人民共和国村民委员会组织法》在九届人大常委会第五次会议上正式通过并颁布实施，村民自治在全国范围内全面推开。

选举在中国农村已经成为一种普遍现象。全国的农民都在参与选举，投票率往往超过了选民总数的90%。

16. 社会主义精神文明建设

经济大发展的同时，中国加强了在市场经济条件下建设社会主义精神文明的力度。

1993 年 11 月，《邓小平文选》第 3 卷出版发行。学习邓小平著作，成为全社会的热潮。

1996 年 10 月，中共十四届六中全会通过《关于加强社会主义精神文明建设若干重要问题的决议》，强调在新的历史条件下的社会主义精神文明建设的目标是培养有理想、有道德、有文化、有纪律的社会主义公民。

2001 年 9 月，中共中央颁布《公民道德建设纲要》，强调依法治国与以德治国相结合，促进物质文明与精神文明协调发展。

>> 健康文明的群众体育性活动可以塑造出团结向上的精神风貌。图为 1997 年 9 月 20 日北京市近千名职工在北京市首届全民健身体育节开幕式上表演第八套广播体操

>> 富裕起来的农民渴望新鲜、丰富的文化生活。图为陕北安塞县一个青年农民组成的民间艺术团，操起西洋乐器活跃在乡村各地，使当地农民眼界大开

17. 多种所有制经济共同发展

1997 年，江泽民在中共中央党校毕业典礼上发表了一篇讲话，公开了他即将在中共十五大上提出的新思想。江泽民建议，将民营经济确定为国家经济的“重要组成部分”；国有经济应该从诸如零售业和轻工业领域退出，但要保持对自然资源和基础设施等关键行业的控制；股份制是国有企业的希望。

1997 年 9 月 12 日至 18 日，在北京召开的中共十五大，把邓小平理论同马克思列宁主义、毛泽东思想一道确立为中国共产党的指导思想，写入修改后的党章。

大会明确提出：以公有制为主体，多种所有制经济共同发展，是中国社会主义初级阶段的一项基本经济制度；公有制的实现形式可以多样化；依法治国，是中国共产党领导中国人民治理国家的基本方略。

在世纪之交的关键时刻，中共十五大从思想上、政治上、组织上为中国的跨世纪发展提供了根本保证。

>> 图为 1998 年中国人民政治协商会议期间，一位来自西藏的藏族政协委员在小组讨论会上发言，结合西藏实际，就如何做好边远地区少数民族扶贫开发工作，走共同富裕道路畅谈建议和体会

>> 中国铁路运输企业 1999 年年底实现全行业扭亏为盈，比计划提前 1 年，成为国有企业扭亏的排头兵。图为 2001 年 9 月 19 日，国家“九五”重点建设项目——内昆铁路全线铺通

18. 抗洪精神彰显民族精神的新发展

中国共产党第三代中央领导集体，在领导中国人民进行社会主义现代化建设的进程中，高度重视人民的精神生活，高度重视民族精神的提升和总结。

1997 年 11 月 1 日，江泽民访问美国期间在哈佛大学作《增进相互了解，加强友好合作》的演讲。在演讲中，江泽民对中华民族精神做了初步的概括。他指出，中国在自己发展的历史长河中，形成了团结统一、独立自主、爱好和平、自强不息的优良历史文化传统。这些传统，随着时代变迁和社会进步获得扬弃和发展，对今天中国人的价值观念、生活方式和中国的发展道路具有深刻影响。[12]

1998 年夏，中国多个主要江河流域发生历史罕见的洪涝灾害，广大军民在中国共产党和政府的领导下团结奋战，与洪水展开殊死搏斗，终于取得了抗洪斗争的重大胜利。9 月 6 日，江泽民提出了“万众一心、众志成城，不怕困难、顽强拼搏，坚韧不拔、敢于胜利”的伟大抗洪精神。9 月 29 日，在全国抗洪抢险总结表彰大会上，江泽民对抗洪精神做出了系统阐述。

2002 年 11 月，江泽民进一步指出：“民族精神是一个民族赖以生存和发展的精神支撑。一个民族，没有振奋的精神和高尚的品格，不可能自立于世界民族之林。在五千多年的发展中，中华民族形成了以爱国主义为核心的团结统一、爱好和平、勤劳勇敢、自强不息的伟大民族精神。”[13]

>>1998 年夏季，长江流域发生全流域性的特大洪水。全国军民在党中央、国务院的坚强领导下，众志成城，严防死守，取得了抗洪救灾的伟大胜利。图为江泽民在湖北抗洪前线指导抗洪救灾工作

19. 私营经济步入快车道

从 1992 年到 2002 年，民营经济逐步成为国民经济增长的重要推动力。私营企业从 14 万户增加到 243.5 万户，增加了 17 倍（年增长 33%）；注册资金由 221 亿元增加到 24756 亿元（年均增长 60%），增长了 112 倍；从业人员从 232 万人增长到 3409 万人，增长了 15 倍；税收从 4.5 亿元增加到 945.6 亿元，增长了 208 倍（年均增长 70%）。从 1992 年到 2002 年，全国个体工商户由 1543 万户发展到 2378 万户，注册资金数由 601 亿元增加到 3782 亿元，从业人员增加到 4748 万户。

>>民营经济是中国市场经济中的一支活跃力量。图为 1996 年中国传统节日春节前，广州的个体经营户向人们展示他们精心制作的各式象征吉祥、好运的纸制金元宝、大爆竹

>>2002 年 8 月 8 日，中国首个以民营经济为主题的“2002 东莞民营经济博览会”在广东省东莞市举行，有 500 多家当地民营企业参展。东莞市现有民营企业 15 万多家，是中国民营经济最发达的地区之一

>>20 世纪 90 年代，中国的棉花产量在世界已占首位。西部地区根据自然条件调整产业结构，初步形成了优质棉生产基地。图为新疆莎车县棉花良种场女工在采摘棉花

20. “三农”问题继续得到重视

中国是一个农业大国，但中国改革开放的主要区域却是城市。到了20世纪90年代，中国农村的发展严重滞后，城乡差距不断拉大。

2000年3月22日，湖北省监利县棋盘乡党委书记李昌平就农村工作中存在的问题通过国家信访局给国务院总理朱镕基写了一封信。信中说：“现在农民真苦，农村真穷，农业真危险！”朱镕基看到信后，指示农业部派人调查。经调查，李昌平反映的问题属实。朱镕基在农业部的暗访调查报告上批示：“‘三农’问题的严重性不可忽视。”这样，上下互动，引起了全社会对“三农”问题的重视，推动了解决中国“三农”问题工作的进程。

>> 中国政府在1994年提出了“八七扶贫攻坚计划”，决心在1994年至2000年的7年时间里，使中国八千万贫困人口中的绝大多数脱离贫困。从2001年至2010年，中国政府又实施了“农村扶贫规划”。这些努力很大程度上解决了中国的贫困问题

>>1997年6月30日至7月1日凌晨，中英香港政权交接仪式在香港会展中心举行。图为交接仪式上，中华人民共和国国旗和香港特别行政区区旗同时升起

21. 中国收回香港、澳门

这一时期，香港和澳门分别于 1997 年 7 月 1 日和 1999 年 12 月 20 日顺利回归。“一国两制”从科学构想变为现实，中国人扬眉吐气，国际社会予以好评。

当年，邓小平向英国首相撒切尔夫人解释“一国两制”构想时，用了一个很形象的比喻，即香港回归中国后，“马照跑，舞照跳，股照炒”。回归后的香港，“马照跑，跑得更欢；股照炒，炒得更大”。

>>1999 年 12 月 20 日零时，中华人民共和国国旗和澳门特别行政区区旗在交接仪式会场庄严升起

22. 大陆与台湾形成“九二共识”

1992 年 11 月，大陆“海峡两岸关系协会”（简称“海协会”）和台湾“海峡交流基金会”（简称“海基会”）在香港就两岸事务性商谈中如何表述坚持一个中国原则的问题进行了讨论，达成“海峡两岸均坚持一个中国原则”的重要共识，这就是著名的“九二共识”。1993 年 4 月 27 日，海协会会长汪道涵与海基会董事长辜振甫在新加坡举行会谈，这是自 1949 年以来两岸高层人士首次以民间名义进行公开会晤。这次会议建立了两岸制度化协商的机制，标志着两岸关系向和平统一方向迈出了历史性的重要一步。1995 年 1 月 30 日，江泽民发表《为促进祖国统一大业的完成而继续奋斗》的讲话，提出了发展两岸关系、推进祖国和平统一的八项主张。

这一时期，两岸的民间交往非常密切，经贸合作蓬勃发展。

>> 图为大陆海协会会长汪道涵（左）与台湾海基会会长辜振甫（右）在两岸关系会谈会上握手

>> 在 1995 年举办的福建省投资贸易洽谈会上，海峡两岸经济界人士一起探讨经贸合作的前景

23. 中国加入世界贸易组织

中国确立社会主义市场经济体制，推动了中国融入世界经济的进程。中国为了加入世界贸易组织，进行了长期的努力。

20 世纪 90 年代后期，经济全球化浪潮引起人们的普遍关注。1998 年 8 月，江泽民在第九次驻外使节会议上全面地分析了经济全球化趋势，指出："我们要坚定不移地实行对外开放政策，适应经济全球化趋势，积极参与国际经济合作和竞争，充分利用经济全球化带来的各种有利条件和机遇。不能看到有风险、有不利因素，就因噎废食，不敢参与进去。同时，又要对经济全球化带来的风险保持清醒的认识，坚持独立自主，加强防范工作，增强抵御和化解能力，以切实维护我国的经济安全，更好地发展壮大自己。"[14] 江泽民的讲话，推动了中国加入世界贸易组织的谈判进程。

2001 年 12 月 11 日，中国正式加入世贸组织，对外开放进入了一个新的阶段。

中国加入世贸组织重塑了全球贸易和地缘政治格局，中国因素在世界的分量更重了。2011 年 9 月中国商务部部长陈德铭在大连举办的世界经济论坛会议上说，中国当年加入 WTO 是一个"勇敢和艰难"的选择，也是"正确"的选择，此举带来了巨大收益。中国目前是全球最大的出口国和第二大进口国。荷兰商业银行亚洲首席经济学家蒂姆·康登说，中国加入 WTO 是过去这个 10 年里意义最为深远的经济事件。[15]

>> 中国加入世界贸易组织进一步激发了市场经济的活力，增强了中国企业的竞争意识和劳动效率，提高了产品和服务的质量，加快了中国经济走向国际化、专业化和现代化的步伐。图为天津劝业超市安装的先进的音像试听设施，方便顾客选购音像产品

>>2001 年 12 月 31 日，天津"家乐福"商场挤满购买节日物品的顾客。随着中国加入 WTO，外资零售商加快了抢滩中国的步伐，目前世界 50 家最大的零售企业已有 70% 在中国登陆

24. 共产党的建设要与时俱进

建设一个什么样的党、怎样建设一个党，是江泽民担任总书记后一直思考的问题。江泽民在一次讲话中袒露心境："怎样使我们党在复杂的国内外形势下始终充满活力，带领全国各族人民推进建设有中国特色社会主义的宏伟事业，实现中华民族的伟大复兴，是我想得最多的一个问题。"

中共面临一系列新问题。例如，私营经济等非公经济在中国快速发展，如何引导非公经济发展？如何将在非公有制单位工作的人们团结在中共周围？这些问题需要有新的思路。江泽民说："我们必须与时俱进，继续丰富和发展马克思主义。如果因循守旧、停滞不前，我们就会落伍，我们党就有丧失先进性和领导资格的危险。"

从 1998 年 11 月开始，历时两年，中共在县级以上党政领导班子、领导干部中深入开展了一场以讲学习、讲政治、讲正气为主要内容的党性党风教育。2001 年，中共十五届六中全会通过《关于加强和改进党的作风建设的决定》，推动中共改进工作作风，加强与人民群众的联系。

>> 模范共产党员、优秀领导干部孔繁森（右）在阿里日土县过巴乡看望孤寡老人

>> 中共十四大以来，中国各个行业涌现出大批先进党组织和模范共产党员。图为一家全国思想政治工作优秀企业在工程工地上开展党建活动一景

25. 江泽民提出“三个代表”重要思想

江泽民在党的建设和社会主义建设方面最大的理论贡献，是提出了“三个代表”重要思想。

2000 年 2 月，江泽民在广东省高州市，面对 600 名村镇干部，指出：“要把中国的事情办好，关键取决于我们党，取决于党的思想、作风、组织、纪律状况和战斗力、领导水平。只要我们党始终代表着中国先进生产力的发展要求，中国先进文化的前进方向以及中国最广大人民的根本利益，它就会永远立于不败之地，永远得到全国各族人民的衷心拥护并带领人民不断前进。”

这是江泽民首次提出“三个代表”重要思想。

2001 年 7 月 1 日，在纪念中国共产党建党 80 周年大会上，江泽民系统阐述了“三个代表”重要思想，将之称为“立党之本、执政之基、力量之源”。

对 2001 年“七一讲话”的形成过程，江泽民曾说：“中央进行了长期的充分的酝酿和准备，我也下了很大功夫，做了大量调查研究。对一些重大问题，我思考了近两年时间。讲话稿征求了各方面意见，最后经中央政治局

>> 农业产业化是中国农村深化改革的第二次飞跃，是中国由传统农业向现代农业转变的一条有效途径。图为 1996 年山东一家冷冻食品有限公司员工在全封闭无菌车间加工出口日本的菜卷

>> 中国在加强陆地石油勘探的同时，努力开发海洋油气资源。图为 1996 年 1 月 1 日建成的南海崖城 13 - 1 气田。它是中国目前最大的天然气田

>>1996 年 9 月 1 日通车的 2500 多公里的京九铁路是中国不断完善增强的铁路干网中最重要的一条南北大动脉。图为京九铁路与陇海铁路的交汇处

和政治局常委会议集体讨论修改。这个讲话，是经过我们党深入探索、深入思考后形成的，是对新的实践的科学总结，集中了全党的智慧，反映了全党的意志。”

>>把社会主义先进文化送到祖国的每个角落是党的宗旨的体现。图为宁夏回族自治区在海拔2970多米高的六盘山最高峰建成的电视调频转播系统，该系统能同时向地处黄土高原的宁夏、甘肃、陕西的周边12个县市发射和传送广播、电视节目

>>加强非公有制经济的党建工作，是实践“三个代表”的必然要求。图为广东阳江一家民营企业的党员在生产车间的“党员挂点示范岗”上作业

26. 要给大家解开一个紧箍咒

在2001年“七一讲话”中，江泽民针对如何看待个人拥有财产的问题，明确提出：“不能简单地把有没有财产、有多少财产当作判断人们政治上先进与落后的标准，而主要应该看他们的思想政治状况和现实表现，看他们的财产是怎么得来的以及对财产怎么支配和使用，看他们以自己的劳动对建设中国特色社会主义事业所做的贡献。”

对这个新论断，江泽民后来解释说：“我讲这个话，就是要给大家解开一个紧箍咒。我们不能再搞过去那种越穷越光荣、越穷越革命的东西了。我们党领导人民进行改革开放和现代化建设，就是要使广大人民群众的生活都好起来，个人的财产当然会逐渐增多。如果还用解释资本主义社会和旧中国剥削与被剥削关系的那些概念来解释当今的中国社会，解释在我们社会主义条件下存在和发展的各种经营投资活动，显然是不适合的，那样既不利于调动广大人民群众的积极性，也不利于我们事业的发展。”

>> 中国政府十分关心经济发展相对缓慢的老、少、边、穷地区人民，想方设法帮助他们发展生产、改善生活。图为1996年9月，江泽民在京九铁路沿线贫困地区和革命老区考察时，深入了解老区农民的生产和生活情况

>> 中国共产党始终同广大人民群众血肉相连。上世纪八九十年代，许多国有大中型企业遇到生产和经营上的困难，引起党中央的高度关注。图为 1995 年 12 月 25 日，江泽民总书记在兰州一家国有大型企业考察工作时受到职工热烈欢迎

27. 建设小康社会

中国共产党第十六次代表大会 2002 年 11 月在北京召开。大会上，“三个代表”重要思想被确立为党的指导思想，写入党章，实现了中共指导思想上的又一次与时俱进。

大会还指出，未来 20 年，中国的总目标是建设“小康”社会，使 13 亿中国人民的生活达到更高的水平。到 2020 年，中国的国内生产总值将比 2000 年翻两番。

在这次非常重要的会议上，产生了以胡锦涛为总书记的新一届中共领导集体。

28. “三个代表”重要思想的深远意义

“三个代表”重要思想是对马克思列宁主义、毛泽东思想和邓小平理论的继承和发展，是加强和改进中国共产党的建设、推进中国社会主义自我完善和发展的强大理论武器，是中国共产党集体智慧的结晶，是中国共产党必须长期坚持的指导思想。2003 年 7 月 1 日，中共中央总书记胡锦涛在“三个代表”重要思想理论研讨会上指出：“‘三个代表’重要思想的形成，表明我们党对共产党执政规律、社会主义建设规律和人类社会发展规律的认识，达到了新的理论高度，开辟了马克思主义发展的新境界。”

江泽民担任中共最高领导人的 13 年，是中国改革开放时代承上启下的 13 年，是中国从计划经济体制向社会主义市场经济体制过渡的重要时期。以江泽民为核心的中央领导集体把邓小平关于改革开放的许多设想具体化、制度化，为新世纪中国的发展奠定了基础。

1.《邓小平文选》第 3 卷，人民出版社 1993 年版，第 370 ~ 371 页。
2.《关注中国——41 位驻华官员谈中国共产党》，红旗出版社 2011 年版，第 220 页。
3. 《十四大以来重要文献选编》（上），人民出版社 1996 年版，第 20 ~ 21 页。
4. 参见《十四大以来重要文献选编》（上），人民出版社 1996 年版，第 523 ~ 527 页。
5.《江泽民文选》第 1 卷，人民出版社 2006 年版，第 442 页。
6.《江泽民文选》第 1 卷，人民出版社 2006 年版，第 369 页。
7.《江泽民文选》第 1 卷，人民出版社 2006 年版，第 428 页。
8.《江泽民文选》第 1 卷，人民出版社 2006 年版，第 432 页。
9.《十五大以来重要文献选编》（中），人民出版社 2001 年版，第 1009 页。
10.《十五大以来重要文献选编》（中），人民出版社 2001年版，第 1072 ~ 1073 页。
11. 肖扬：《依法治国基本方略的提出、形成和发展》，载《求是》2007 年第 20 期。
12. 参见《江泽民文选》第 2 卷，人民出版社 2006 年版，第 60 ~ 62 页。
13.《江泽民文选》第 3 卷，人民出版社 2006 年版，第 559 页。
14.《江泽民文选》第 2 卷，人民出版社 2006 年版，第 201 页。
15.《参考消息》2011 年 11 月 11 日，第 14 版。

第六章

2002-2012

2002 年 11 月中共十六大召开以后，胡锦涛成为中国最高领导人。在以胡锦涛为总书记的中国共产党新的中央领导集体领导下，中国共产党团结带领中国人民，顺应国内外形势发展变化，抓住重要战略机遇期，发扬求真务实、开拓进取精神，完善社会主义市场经济体制，推进科学发展，积极转变经济发展方式，促进社会和谐，推动中国道路继续向前发展，在全面建设小康社会实践中推进中国特色社会主义伟大事业。

>> 为贯彻落实科学发展观，中共中央政治局常委们深入基层调研，指导工作。图为胡锦涛在陕西安塞县的果园里，同果农们一起摘苹果

1. 胡锦涛提出科学发展观

2003 年，中国人均国内生产总值突破 1000 美元，这意味着中国进入了工业化的一个关键时期。它既是发展机遇期，又是矛盾凸显期。站在新的发展起点上，如何树立正确的发展观，如何转变经济发展方式，在经济发展的基础上实现社会全面发展，成为新一届领导集体的思考焦点。

2003 年 7 月 28 日，在全国防治“非典”工作会议上，胡锦涛在同年 4 月提出“科学发展观”思想的基础上，对科学发展观问题第一次进行了正面阐述：“我们要更好地坚持全面发展、协调发展、可持续发展的发展观，更加自觉地坚持推动社会主义物质文明、政治文明和精神文明协调发展，坚持在经济社会发展的基础上促进人的全面发展，坚持促进人与自然的和谐。”

10 月 14 日，中共十六届三中全会第二次全体会议召开。胡锦涛在会议上正式提出了“科学发展观”概念，他说：“树立和落实全面发展、协调发展和可持续发展的科学发展观，对于我们更好地坚持发展才是硬道理的战略思想具有重大意义。树立和落实科学发展观，这是 20 多年改革开放实践的经验总结，是战胜非典疫情给我们的重要启示，也是推进全面建设小康社会的迫切要求。”

2004 年 3 月 10 日，在中央人口资源环境工作座谈会上，胡锦涛再次对科学发展观思想进行了深入阐述。他说：“树立和落实科学发展观，必须始终坚持以经济建设为中心，聚精会神搞建设，一心一意谋发展；必须在经济发展的基础上推动社会全面进步和人的全面发展，促进社会主义物质文明、政治文明、精神文明协调发展；必须着力提高经济增长的质量和效益，努力实现速度和结构、质量、效益的统一，经济发展和人口、资源、环境相协调，不断保护和增强发展的可持续性。”

>> 在科学发展观的引领下，农村发展迎来新机遇。图为 2008 年 9 月 30 日，胡锦涛在安徽凤阳小岗村与村民座谈

2. 倡导构建和谐世界

中国对内以科学发展观统率发展，对外倡导构建和谐世界。

2005 年 4 月 22 日，胡锦涛在出席亚非峰会发表讲话时，第一次在国际舞台上使用了“和谐世界”一词。同年 7 月，“和谐世界”第一次作为国与国之间的共识，被写入《中俄关于 21 世纪国际秩序的联合声明》中。

2005 年 9 月 15 日，胡锦涛在纽约召开的联合国 60 周年首脑会议上发表了题为《努力建设持久和平、共同繁荣的和谐世界》的讲话，系统阐述了和谐世界的理念。他认为：“应该从四个方面建设和谐世界：第一，坚持多边主义，实现共同安全；第二，坚持互利合作，实现共同繁荣；第三，坚持包容精神，共建和谐世界；第四，坚持积极稳妥方针，推进联合国改革。”

2007 年“和谐世界”被写入中共十七大报告中，正式成为指导中国未来发展走向的战略思想。

>> 到 2010 年 10 月 29 日，哈尔滨热电公司 6 台小火电机组全部关停拆除。机组关停后，每年可减少二氧化硫排放量 2478 吨，减少烟气排放量 700 吨，氮氧化物 4520 吨，节煤 7 万吨，“节能减排”效果显著

>> 中国首个科学发展示范区正在唐山市曹妃甸建设。曹妃甸将成为引领中国循环经济发展的“渤海明珠”。图为曹妃甸新区的首钢京唐钢铁厂一角（2009 年摄）

3. 防治“非典”

2003年春夏之交，一场来势汹汹的“非典”（传染性非典型肺炎的简称）疫情袭击了中国绝大部分地区。如何应对这突如其来的灾难，对刚刚履新的中国领导人来说，无疑是一个严峻的考验。

国务院领导全国人民，全力以赴开展防治工作，逐步有效地控制了疫情。从5月中旬开始，疫情趋于缓和。6月24日，世界卫生组织宣布解除对北京地区的旅游警告，把北京从疫情传播地区名单中除名。防治“非典”工作取得阶段性胜利。到7月底，全国性大规模集中防治“非典”工作基本结束。

防治“非典”的胜利，使中国政府积累了应对突发公共事件的经验，提供了反思以往发展模式的有效契机，是中国政府“以人为本”施政理念的成功实践，也是中国政府履行国际责任的重要体现，赢得了国际社会的广泛支持。

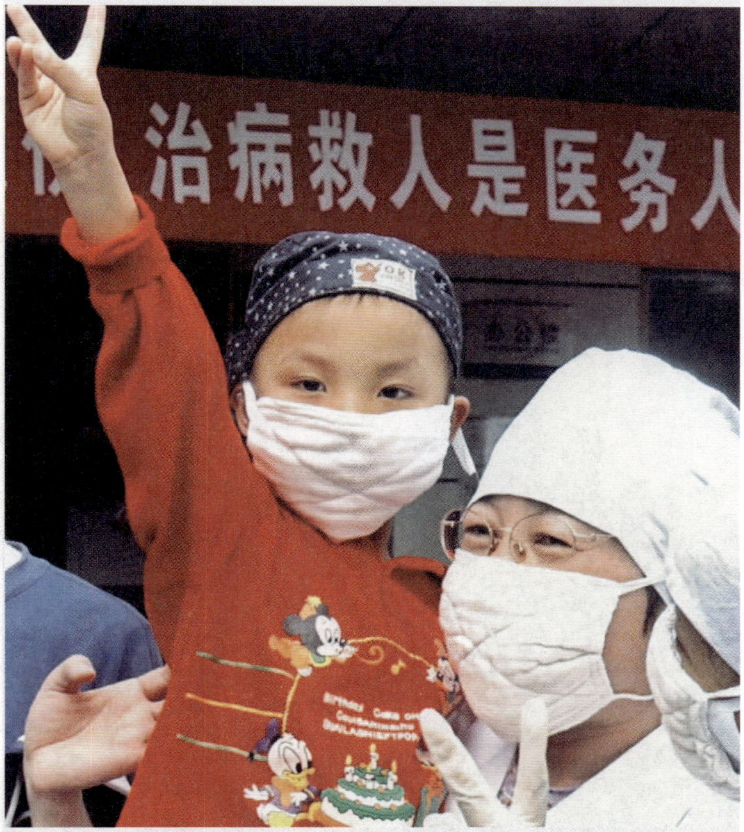

>> 图为2003年5月11日，一位4岁的“非典”小患者出院时和为他治病的医护人员一起打出表示胜利的手势

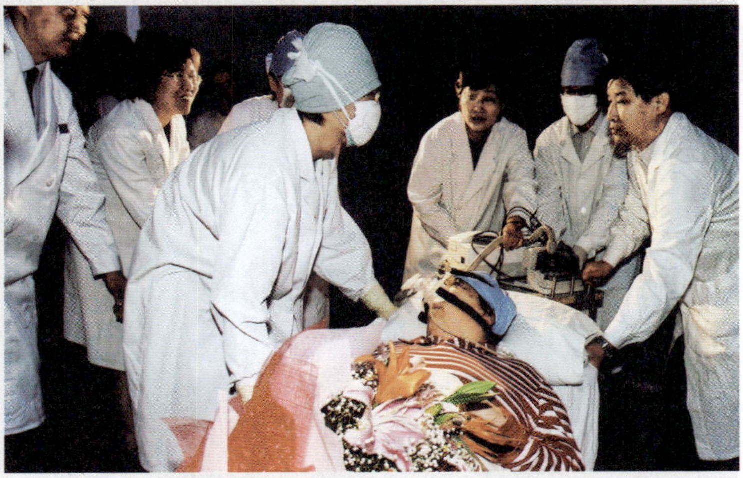

>> 图为2004年5月21日，北京最后一名“非典”康复者张某从北京地坛医院出院。当日，北京地区“非典”患者救治工作结束

>> 中共十七大决定把科学发展观写入中共党章

4. 确立科学发展观的指导地位

2007 年 10 月在北京召开的中共十七大，确立科学发展观的指导地位。大会决定把科学发展观写入中国共产党党章。从此，科学发展观与邓小平理论、“三个代表”重要思想一起，成为中国道路最显著的标记、改革开放时代最核心的关键词。

中共十七大报告中指出：改革开放是决定当代中国命运的关键抉择，是发展中国特色社会主义、实现中华民族伟大复兴的必由之路。改革开放以来中国取得的一切成绩和进步的根本原因，归结起来就是：开辟了中国特色社会主义道路，形成了中国特色社会主义理论体系。

十七大报告对科学发展观做出准确的定义，指出：科学发展观的第一要义是发展，核心是以人为本，基本要求是全面协调可持续，根本方法是统筹兼顾。

2010 年，中共十七届五中全会通过了关于“十二五”规划和 2020 远景规划的建议。2011 年，中国第十一届全国人大第三次会议通过了“十二五”规划。这项宏伟的国家发展规划，处处体现着科学发展观的要求，向人们展示出中国更加美好的发展前景。

5. 非公有制经济发展进入新阶段

2005 年，国务院颁布了《关于鼓励支持和引导个体私营等非公有制经济发展的若干意见》，这是新中国建立以来第一部全面促进非公有制经济发展的政策性文件。

2007 年，中国政府又提出：“坚持平等保护物权，形成各种所有制经济平等竞争、相互促进新格局。”

总的来说，中国已经基本形成了促进非

>> 他们在外资企业工作，每天操着流利的外语，与来自不同国家和地区、有着不同文化背景的同事、客户打交道

公有制经济发展的政策框架和法律体系，并且在越来越多的领域为公有制经济和非公有制经济规定了平等的市场准入条件。

2007 年，中国共有私营企业 551 万户，个体工商户 2741.5 万户。私营企业占全国企业总数的 61%，成为数量最多的企业类型。私营企业注册资本 93873 亿元，比 2002 年增加 59117 亿元，增长 279%。个体工商户资金数额为 7350.7 亿元，比 2002 年增加 3568.7 亿元，增长 94%。规模以上私营工业企业利润从 2002 年的 490 亿元增加到 2007 年的 4000 亿元，5 年增长 7 倍，年均增长 52%。

6. 构建和谐社会

2004 年 9 月，中共十六届四中全会提出构建社会主义和谐社会的任务。2006 年 10 月，十六届六中全会作出中共中央《关于构建社会主义和谐社会若干重大问题的决定》，和谐社会建设全面加速。

中国所要构建的和谐社会，其基本特征是“民主法治、公平正义、诚信友爱、充满活力、安定有序、人与自然和谐相处”。

构建和谐社会战略思想的提出，使中国发展的总体布局由经济建设、政治建设、文化建设三位一体发展为经济建设、政治建设、文化建设、社会建设四位一体。

构建和谐社会要求实现民主法治。为此，中国的民主法制建设速度大大加快。2004 年 3 月，国务院制定了《全面推进依法行政实施纲要》，明确了建设法治政府的目标和任务。到 2011 年，中国基本形成了具有自己特色的法律体系。

>> 2007 年 11 月 19 日，为中西部地区贫困初中毕业生提供免费职业培训，帮助他们实现就业的大型公益活动在北京人民大会堂正式启动

7. 建设创新型国家

建设创新型国家，是胡锦涛主政期间的另一亮点。2006 年 1 月 9 日，胡锦涛在全国科技大会上宣布，中国未来 15 年科技发展的目标是：2020 年建成创新型国家，使科技发展成为经济社会发展的有力支撑。中国科技创新的基本指标是，到 2020 年，经济增长的科技进步贡献率要从 39% 提高到 60% 以上，全社会的研发投入占 GDP 比重要从 1.35% 提高到 2.5%。

中国的目标，是要把科技进步和创新作为经济社会发展的首要推动力量，转变经济增长方式，加大知识产权保护力度，发展绿色环保产业，逐步减少经济发展对政府投资和资源消耗的依赖，提高国家综合竞争力。

>>2010 年 1 月，被称为“光谷”的武汉东湖高新区继北京中关村之后获批为第二个国家自主创新示范区，成为武汉最具活力的新区。图为“光谷”一景

>> 奇瑞汽车股份有限公司位于安徽省芜湖市。公司坚持走自主创新之路，到 2010 年，已连续 10 年蝉联中国汽车行业自主品牌销量冠军，成为中国企业自主创新的一面旗帜。图为奇瑞 QQ 汽车生产线

>> 新型农村合作医疗在一定程度上缓解了农民看病难的问题，受到农民的欢迎。图为 2006 年 4 月 6 日，辽宁省绥中县农民在新型农村合作医疗定点医院交费

8. 新农村建设朝气蓬勃

中国的农业问题，举世关注。中国每年的粮食收成的丰歉都在影响世界粮食市场的价格。国外许多粮食专家来中国考察农业状况。1994 年，美国学者布朗发出“21 世纪谁来养活中国”的尖锐提问，引起世界某种程度的恐慌。然而，进入 21 世纪后，人们发现，中国人不仅成功解决了自己的吃饭问题，而且每年都有粮食出口。

目前，中国东部的某些农村，已经成为富裕的城镇。但总体看，相比城市的快速发展，中国农村发展还比较落后，城乡发展不均衡的状况还没有得到较好扭转。为解决“三农”问题，实现社会城乡和谐发展，中国提出了统筹城乡发展、实现城乡均衡发展的思想，为此采取了一系列举措。

2005 年 12 月，中国政府发布《关于推进社会主义新农村建设的若干意见》，提出了建设新农村的战略任务，目标是“生产发展、生活宽裕、乡风文明、村容整洁、管理民主”。从 2006 年 1 月 1 日起，中国停止征收农业税。至此，这一延续了二千多年的“皇粮国税”宣告终结，农民们沉浸在一片喜悦之中。

随着城市化进程的加快，大量农民进入城市工作。2006 年，中国政府发布了《关于解决农民工问题的若干意见》，努力让农民工更好地融入城市，享受现代文明成果。2008 年，又发布了《关于推进农村改革发展若干重大问题的决定》，对中国未来农村改革进行了全面规划。从 2004 开始，中国连续 8 年出台中央“一号”文件，不断加大对“三农”的投入。仅 2011 年，投入就达 1 万亿。

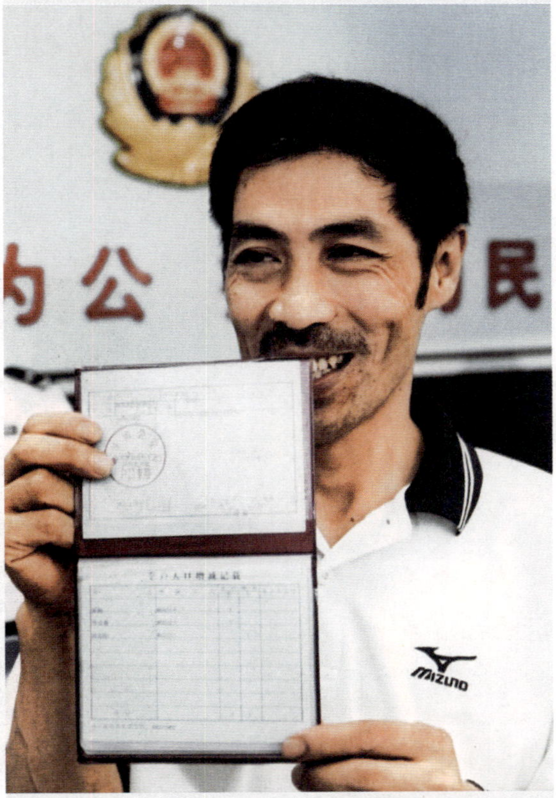

>>2010 年 8 月 1 日，《重庆市统筹城乡户籍制度改革农村居民转户实施办法（试行）》开始实施。农民陈刚成为重庆市户籍制度改革启动后转户进城的第一个农民

9. 加强党的执政能力建设和先进性建设

办好中国的事情，关键在中国共产党。中共十六大以后，中国共产党围绕加强党的执政能力建设和党的先进性建设，全面推进党的建设新的伟大工程。2004 年 9 月中共十六届四中全会通过了《关于加强党的执政能力建设的决定》。从 2005 年初到 2006 年上半年，在全党开展了以实践“三个代表”重要思想为主要内容的保持共产党员先进性教育活动。从 2008 年 9 月到 2010 年 2 月，在全党深入开展了学习实践科学发展观活动。2009 年 9 月中共十七届四中全会通过了《关于加强和改进新形势下党的建设若干重要问题的决定》。通过加强党的建设，为深入贯彻落实科学发展观提供了坚强保证。

>> 由于国家实施了一系列强农惠农政策，自 2004 年以来，中国农业在受到众多自然灾害影响的情况下，仍然实现了连续 8 年粮食增产。图为宁夏红寺堡一处粮食收购点，粮农正在卸玉米（2006 年摄）

>> 沈浩（1964 ~ 2009）是在深入学习实践科学发展观活动中涌现出来的中共优秀基层干部。他带领安徽省凤阳县小岗村农民实行“二次改革”，走共同富裕的道路。他用一片真情换来人民群众的真心拥戴。图为沈浩（前右）与小岗村群众交谈

10. 少数民族地区与民族关系和谐发展

中国确立并实施了以民族平等、民族团结、民族区域自治和各民族共同繁荣为基本内容的民族政策，形成了比较完备的民族政策体系。

中国的民族区域自治，是指在国家的统一领导下，各少数民族聚居地方实行区域自治，设立自治机关，行使自治权。截至2008年底，全国共建立了155个民族自治行政区域，包括5个自治区、30个自治州、120个自治县（旗）。

中国目前共有民族56个。其中，汉族人口占绝大多数，其他55个民族人口相对较少，习惯上称为“少数民族”。少数民族人口，1953年为3532万人，1964年为4002万人，1982年为6730万人，1990年为9120万人，2000年为10643万人。2010年末第六次人口普查结束时为11379万多人。各少数民族人口数量相差较大，如壮族有1700万人，而赫哲族只有4000多人。中国的少数民族公民不仅平等地享有宪法和法律规定的所有公民权利，还依法享有一些特殊的权益保障。例如在历届全国人民代表大会中，少数民族代表人数占全国人民代表大会代表总人数的比例，均高于同期少数民族人口占全国总人口的比例。中国各民族总的发展方向是发展成为统一的多民族国家，汇聚成为统一稳固的中华民族。

中国少数民族聚居区大都地广人稀，资源富集。民族地区的草原面积，森林和水力资源蕴藏量，以及天然气等能源的基础储量，均超过或接近全国的一半。全国2.2万多公里陆地边界线中的1.9万公里在少数民族地区。全国的国家级自然保护区面积中少数民族地区占到85%以上，是国家的重要生态屏障。

中国加入了《消除一切形式种族歧视国际公约》，与国际社会一道，认真履行公约义务，为建立一个没有民族和种族歧视的美好世界进行着不懈的努力。

>>2010年10月1日，是上海世博会中国国家馆日。来自56个民族的青少年代表身着民族服装，在中国馆前开心地合影

>> 图为青藏铁路上一列火车驶过藏北错那湖边

>>2011 年是西藏和平解放 60 周年，西藏的旅游热升温。上半年西藏已接待中外游客 225 万人次，与去年同期相比增长 24.8％。平均每天进藏的游客达 1 万多人

11. 发展的西藏

在 1951 年前，西藏实行形成于 17 世纪并沿用了 300 多年的法律，即《十三法典》、《十六法典》，将人严格划分为三等九级。《法典》规定 :“上等上级人”的命价是与其尸体等重的黄金，而“下等下级人”的命价是一根草绳，而“下等人”占西藏总人口的 95% 以上。

1951 年前，西藏没有一条公路。而现在，西藏所有乡镇和 80% 以上的行政村通公路,通车里程达到 5.82 万公里。2006 年 7 月，青藏铁路建成通车，结束了西藏没有铁路的历史。2010 年 12 月，墨脱公路嘎隆拉隧道胜利贯通，结束了中国存在不通公路县的历史。2005 年底以来，林芝米林机场、阿里昆莎机场、日喀则和平机场陆续建成通航，拉萨贡嘎机场助航灯光工程投入使用，结束了西藏支线航空单一和无夜航飞机的历史。

1951 年前，西藏 90% 以上的人没有自己的住房。2010 年末，西藏城镇居民人均居住面积达到 34.72 平方米。冰箱、彩电、电脑、洗衣机、摩托车、手机，早已进入寻常百姓家。

1951 年前，西藏只有 3 所设备简陋、规模很小的官办藏医机构和少量私人诊所，从医人员不足百人。2010 年末，西藏有各级各类医疗卫生机构 1352 个，床位 8838 张，卫生技术人员 9983 人。

目前，西藏共有 1700 多处宗教活动场所，僧尼约 4.6 万人。每年到拉萨朝佛敬香的信教群众达百万人次以上。

1952 至 2010 年，中央政府对西藏的财力补助达 3000 亿元，年均增长 22.4%。自 1951 年以来的 60 年间，中央政府对西藏的直接投资超过 1600 多亿元。

1951 年西藏地区生产总值是 1.29 亿元，2010 年达到 507.46 亿元，按可比价格计算增长 111.8 倍，年均增长 8.3%。2010 年，西藏自治区人均国民生产总值为 17319 元，地方财政一般预算收入达到 36.65 亿元，连续 8 年保持 20% 以上的增长。

2010 年，西藏接待游客 685.14 万人次，旅游总收入达到 71.4 亿元。

摆脱了封建农奴制的西藏，在保留自身文化的同时，正大踏步地融入现代文明。

>> 新疆风能能源占中国陆上风能资源总量的 37%，风能开发前景广阔。图为在新疆达坂城“百里风区”长约 80 公里、宽约 20 公里的戈壁滩上，200 台风力发电机成方阵迎风而立（2007 年摄）

12. 崛起的新疆

新疆是中国西北的一个少数民族自治区。从 1949 年到 2009 年，新疆生产总值从几亿元增长到 4274 亿元，人均国民生产总值从 100 多元增长到 19926 元，棉花年产量连续 15 年居全国首位，天然气产量居全国第一位。目前，新疆有 17 个一类口岸、12 个二类口岸，与 167 个国家和地区建立了经贸和科技等合作关系。2008 年的对外贸易总额达到 222 亿美元，是 1955 年的 4300 多倍。

自 2000 至 2009 年，中央财政 10 年累计补助新疆 3999 亿元。在自治区财政支出中，中央财政补助占到了约 2/3。在新疆重大建设项目投资中，中央投入的资金占到 80% 以上。2000 年至 2009 年国家累计补助新疆基本建设投资 1108.2 亿元，实施农林、水利、交通、能源等基础设施、基础产业等领域的项目近 2 万个。

根据测算，新疆在 2015 年前，全区生产总值将保持年均增长 10% 以上的速度。城镇居民人均可支配收入将达到 23000 元以上，年均增长 11% 以上；农牧民人均纯收入达到 7900 元以上，年均增长 11% 以上。预计全区工业项目总投资 10000 亿元。

在 2010 年 5 月召开的中央新疆工作座谈会上，胡锦涛发表重要讲话，对加快新疆发展工作做了全面的部署。由于中国政府对新疆采取了许多特殊的扶持政策，新疆经济在未来五年将会迅速崛起。

>> 伊宁和喀什等地成为新疆向西开放的前沿，正在兴起新一轮投资和建设的热潮。图为已经基本成形的伊宁市物流商贸区硬件设施

>>“十一五”期间，根据中央政府统筹安排，2006年开始在西部地区农村实施免费义务教育，2007年扩大到中东部地区农村，2008年全面实施城乡免费义务教育。3年三大步，中国教育事业迎来了历史性发展机遇

13. 建设和倡导社会主义核心价值体系

一个国家要有凝聚力，一个民族要有生命力，必须有强大而牢固的核心价值体系，作为一个国家、一个民族的共同思想道德基础。经过30多年的发展，中国社会呈现出思想观念和价值取向多元、多样、多变趋势，主流与非主流并存，先进与落后交织。在这种情况下，亟需用社会主义核心价值体系加以引领。为此，中国政府提出建设社会主义核心价值体系的任务。

2006年10月，中共中央通过了《关于构建社会主义和谐社会若干重大问题的决定》。《决定》对社会主义核心价值体系的基本内容进行了概括，即：马克思主义指导思想，中国特色社会主义共同理想，以爱国主义为核心的民族精神和以改革创新为核心的时代精神，社会主义荣辱观。

至2011年10月，中国进一步把社会主义核心价值体系提升到兴国之魂的高度，将其定位为先进文化的精髓。

14. 全民抗震救灾

2008年5月12日14时28分，中国四川省汶川县和北川县一带发生8.0级特大地震，共死亡和失踪8.7万人，直接经济损失8451.4亿元。这场特大自然灾害，对中国是又一次重大考验。两年后，人们惊奇地发现，一座座崭新的城市拔地而起。中国政府带领人民克服灾难的勇气、能力与成效，被一些国际媒体赞誉为创造了“汶川模式”。

地震过后，为宣示对生命的尊重，中国政府第一次为遇难的普通民众设立了哀悼日。

联合国难民署驻中国及蒙古地区代表竹赛普认为：“在汶川抗震救灾中，中国政府和中国人民的表现非常好。地震后恢复重建工作也做得很出色，形成一连串的亮点。”[1]

联合国负责人道救援事务的副秘书长霍姆斯说，汶川地震是一场悲剧，给中国带来了巨大损失。灾害发生后，中国中央和地方政府快速、高效地动员了庞大的人力和财力，投入救灾工作。他希望中国能够与其他国家分享经验，为国际社会应对自然灾害的努力做出更大贡献。

>> 汶川地震发生后，中共中央、国务院立即作出有效部署。图为胡锦涛在灾区指导抗震救灾工作并看望慰问受灾群众

>> 2008年5月19日至21日为“全国哀悼日”。5月19日14时28分起，中国人民默哀3分钟，汽车、火车、轮船鸣笛，防空警报鸣响。图为5月19日，芜湖市实验幼儿园的小朋友悼念汶川地震死难同胞

>> 在被地震毁坏的北川老县城相距23公里的一片平原河谷，重建的北川新县城拔地而起。图为新北川陈家坝幼儿园的孩子们在玩耍（2011年摄）

>> “5·12”汶川地震发生后3年中，国家共投入恢复重建资金10205亿元。经过举国上下的艰苦努力，地震灾后恢复重建任务取得了决定性胜利。图为震后三周年的汶川县城航拍照片

>> 安徽出版集团成立于2005年，旗下的时代出版传媒股份有限公司是中国第一家出版业整体上市的文化企业。图为在法兰克福书展上，集团总裁王亚非与外商交流（2009年摄）

15. 文化大发展大繁荣

文化是民族的血脉，是人民的精神家园。中华民族复兴必然伴随着中华文化繁荣兴盛。在当代，文化越来越成为民族凝聚力和创造力的重要源泉、越来越成为经济社会发展的重要支撑，丰富精神文化生活越来越成为中国人民的热切愿望。

中国共产党既是中华优秀传统文化的忠实传承者和弘扬者，又是中国先进文化的积极倡导者和发展者。

将文化建设提高到国家战略高度，全面促进文化大发展、大繁荣，是新世纪中国发展的又一重要特征。

2003 年 6 月，全国文化体制改革会议召开，部署在北京、上海等 9 个省市的一批文化单位展开改革试点工作。2005 年 12 月，在总结试点工作成功经验的基础上，中国颁布了《关于深化文化体制改革的若干意见》，确定了文化体制改革的指导思想、原则要求和目标任务，文化体制改革在全国逐步推开。

文化体制改革，让市场与文化、资本与文化实行有机结合，增强活力，释放创造力。

2011 年 10 月 15 日至 18 日，中共十七届六中全会专门就文化建设进行全面布署。会议提出要充分满足中国人民追求丰富精神生活的需要，大力发展公益性文化事业，保障人民基本文化权益；改善政府对文化事业的管理，发挥市场对文化资源的配置作用；建设社会主义文化强国，建设社会主义核心价值体系，巩固中国人民团结奋斗的共同思想道德基础。

这次从战略上对文化改革发展进行研究部署的重要会议，是 21 世纪中国文化发展的一个重要里程碑。

>> 2001 年开始，建立在空置的老厂房里的北京 798 艺术区，经过 10 年的发展，已经成为亚洲最大的当代艺术聚集区

>> 2008 年 8 月 8 日，第 29 届北京奥运会开幕式在国家体育场隆重举行。图为北京奥运会主火炬塔点燃后，焰火在国家体育场上空形成五环图案

>> 2010 年 4 月 30 日晚，中国 2010 年上海世博会开幕式大型灯光喷泉焰火表演在上海举行。图为世博园上空绽放的“笑脸”

16. 举办奥运会、世博会、世园会

2008年8月8日至24日，北京成功举办了第29届奥林匹克运动会。204个国家和地区的代表团，1万多名运动员欢聚一堂。80多位外国政要出席开幕式，这一数字创造了奥林匹克纪录。在奥运会上，中国体育代表团以51枚金牌、100枚奖牌的优异成绩，第一次登上奥运金牌榜首。

9月6日至17日，第13届残疾人奥林匹克运动会在北京成功举办。中国代表团以89枚金牌、70枚银牌、52枚铜牌的绝对优势，再次登上残奥会奖牌榜首。

2010年5月至10月，2010年世界博览会在上海成功举办，向世界展示了一个开放、透明、自信的中国，展示了中华民族五千年灿烂文明，展示了新中国60年特别是改革开放30多年的辉煌成就。世界不禁对中国再一次刮目相看。

2011年4月28日，“2011西安世界园艺博览会”开幕。这是继北京奥运会、上海世博会之后，在中国“十二五”开局之年举办的又一国际盛会，也是中国在西北地区举办的规格最高、规模最大的世界性展会。开园首日，即接待世界各地游客4.6万人。

国际奥委会主席雅克·罗格说：“世界更多地了解中国，中国更多地了解世界，我相信这将带来长远而积极的影响。”

>> 2011年10月22日，2011西安世界园艺博览会落下帷幕。本届世园会历时178天，共接待海内外游客1572万人次，传播了古都西安绿色时尚的新形象。图为闭幕式上演员表演大型歌舞《送你一个长安》

17. 香港、澳门繁荣发展

香港、澳门回归以后，通过成功实践“一国两制”，保持了繁荣与稳定的局面。到2007年，香港连续十年被美国传统基金会评为“全球最自由经济体”。该基金会认为，香港仍为免税港，政府极低程度干预商业活动，对外投资障碍极低，金融与银行限制极少。

旅游和博彩业一直是澳门的经济支柱。回归后，澳门的经济模式得到保持。博彩收益在2006年底超过了美国的拉斯维加斯。背靠内地广阔的市场，澳门的教育、金融、学术均获得了巨大发展。

2007年，81岁的撒切尔夫人在接受英国广播公司采访时说：“十年前，要归还的时候，英国担心由中国统治，香港不可能繁荣。但是十年过去了，事实证明这些担心多半没有道理。”

香港与澳门回归前，西方舆论一致对它们的前景不看好。1995年6月，美国《财富》杂志国际版亚洲区女记者露易丝·克拉尔在《香港之死》一文中断言：香港未来的赤裸裸的真相可以用两个字概括：完蛋。2002年6月，《财富》又以《谁要香港？》作为封面标题，对主权移交近5年来的香港现状表示忧虑。

然而，不久以后，曾认为香港这只金丝雀会在回归中国后死掉的西方人发现，金丝雀依然欢叫。2007年7月，《财富》杂志开始道歉认错，编辑沙里丹·普拉索撰写了《哎呦，香港根本死不了》。美国《时代》周刊也以整整25页的篇幅探讨回归10年后香港的变化，对“香港死亡”的言论进行重新审视，承认其姊妹杂志《财富》杂志当年报道错误，认为香港比从前更有活力。

>> 2011年10月1日，为庆祝中华人民共和国成立62周年，香港赛马会在沙田马场举行国庆赛马日，5万余名马迷和中外游客到场欣赏了10场赛马及精彩的文艺节目。图为骑师在比赛中冲刺的精彩场面

>> 图为澳门回归后建成的澳门观光塔和西湾大桥夜景

18. 台湾与大陆的关系空前密切

海峡两岸关系进入新世纪后进一步改善。2005 年 3 月 4 日，中国人大通过《反分裂国家法》。同年 4 月至 5 月，中国国民党、亲民党、新党领导人相继率团访问大陆，受到胡锦涛接见。两岸关系和平稳定发展的政治基础进一步巩固。

目前，大陆与台湾的经贸互动和民间交流非常密切，已经很难分割。2010 年 6 月 29 日，令人瞩目的“两岸经济合作构架协议”（ECFA），排除万难，终于在中国西南名城重庆市完成签署。大陆海协会长陈云林感慨地说:这是“宝剑锋从磨砺出,梅花香自苦寒来”。

从 1978 年开始，先后有 50 万台湾企业家在大陆投资。目前在大陆的台资企业达 15 万多家，台商投资总额达 1500 亿美元，分别占中国境外企业和投资总额的 1/6 和 1/5。

截止到 2007 年 9 月底，台湾居民到大陆累计达 4583 万人次。

2009 年，共有 70 万大陆游客赴台湾观光旅游，带动新台币 1000 亿元的消费。

“度尽劫波兄弟在，相逢一笑泯恩仇。”2009 年 6 月，台湾《远见》杂志公布“两岸民众互看价值观关键调查”，结果显示，台湾、大陆的受访者分别有 67%、84% 认为两岸

>> 2005 年 4 月 26 日下午，中国国民党大陆访问团抵达南京，开始了首次大陆之行。图为中国国民党主席连战偕夫人等在禄口机场欢迎式上

>> 2008 年 12 月 15 日，众望所归的两岸海运直航、空运直航以及直接通邮正式启动，两岸同胞魂牵梦萦的直接“三通”得以基本实现。图为大陆首次直飞台湾的货机正在装载货物

>> 2011 年 4 月 30 日，中国残疾人艺术团在南非约翰内斯堡举行义演，将演出收入约 5 万兰特（约合 7500 美元）全部捐赠给南非妇女儿童残疾人部。图为舞蹈《千手观音》演出场景

>> 2010 年 10 月 19 日第三届北京人权论坛开幕，主题聚焦在“人权与发展”。来自 28 个国家、联合国等国际组织、中国港澳台地区的近百名人权高级官员和专家学者出席了本届论坛

关系会趋于缓和。另外，78% 的受访者认为大陆对台湾的政策是稳定的和善意的。

澳大利亚前总理霍克认为：中国在处理国家主权问题上不应该受到任何指责，因为中国共产党的做法经得起任何历史检验。在台湾问题上，澳大利亚应尊重中国，因为国际法早已承认台湾是中国的一部分。

台湾基督国际学院副院长、教授吴仪，过去是一个坚定的反共者，近年他积极主张相信中国共产党的对台政策。他认为，中国共产党不是不能武力解决台湾问题，大陆只要一颗导弹打中台湾的发电所，全岛马上都黑了，就会马上引起恐慌。而中共一直坚持和平统一，其实质是中共把台湾人民的福祉看得高于一切，这是真诚的，中国共产党在这方面的决策也是很慎重的。

19. 人权事业加快进展

2009 年，中国政府颁布实施了《国家人权行动计划（2009 ~ 2010 年）》，这是中国政府制定的第一个以人权为主题的国家规划。

2009 年，中国基本建成各类保障性住房 200 万套，改造国有林区、垦区、煤矿棚户区和部分城市棚户区住房 130 万套。80 万户农村危房得到改造，9.2 万户游牧民实现了定居，6069 万农村人口饮水安全问题得到解决。中国提前 6 年实现了联合国提出的“2015 年前无法可持续获得安全饮水人口比例减半”的发展目标。

到 2009 年底，中国累计治疗艾滋病病人 79946 例、艾滋病患儿 1793 人。

2009 年，中国 12 个省份村委会和 16 个省份居委会完成了换届选举工作。截至 2010 年，全国农村有村委会 60.4 万个，依法民主选举产生的村委会成员 230 多万人。

截至 2009 年 9 月底，全国基层工会组织达到 184.5 万个，覆盖企事业单位 395.9 万家；全国工会会员总数达到 2.263 亿人。

截至 2009 年底，中国网民人数达到 3.84 亿，互联网普及率达到 28.9%，超过世界平均水平。中国境内网站达 323 万个，有上百万个论坛，2.2 亿个博客用户。

2009 年，中国有 620 万残疾人得到不同程度康复，2376 个市辖区、县（市）开展社区康复工作，984.4 万残疾人得到社区康复服务。为残疾人提供辅助器具 112.2 万件，其中为贫困残疾人免费发放 59.8 万件。国家投入贫困残疾儿童抢救性康复项目资金 7.11 亿元。

2009 年，中国举办了第七届全国残疾人艺术汇演，中国残疾运动员先后参加第二十一届世界听障奥运会、第九届世界冬季特奥会、英国残奥世界杯、东京亚洲青年残疾人运动会、世界轮椅和肢残人运动会等 19 项国际赛事，共夺得金牌 158 枚。

2009 年 2 月，中国首次接受人权理事会国别人权审查。人权理事会全会于 2009 年 6 月核可了审议中国的报告。2009 年 4 月，中国积极参与了联合国反对种族主义世界大会审议会议。中国已加入包括《经济、社会及文化权利国际公约》在内的 25 项国际人权公约，并积极为批准《公民权利和政治权利国际公约》创造条件。2009 年，中国专家当选首届联合国残疾人权利委员会副主席，连任联合国禁止酷刑委员会委员。

充分实现人权是中国全面建设小康社会、构建社会主义和谐社会的重要目标，中国的人权事业已经取得很大成绩，中国还在继续大力推进人权事业发展。

>> “十一五”时期，“三农”发展进入历史上最好的时期之一。图为 2007 年 10 月 10 日，辽宁省喀喇沁左翼蒙古族自治县农村一位小朋友捧着刚接到的自来水

>> 城市居民委员会是中国城市地区居民的基层群众性自治组织，是实行城市基层社会主义民主的重要载体。图为 2001 年 3 月 9 日，北京市首家现代社区居委会揭牌成立

20. 中国保障公民宗教信仰自由

在中国，宗教信仰自由。每个公民既有信仰宗教的自由，也有不信仰宗教的自由。

在中国，群众的正常宗教活动都受到法律的保护，宗教活动场所分布各地，基本满足了信教群众宗教生活的需要。在新疆，有清真寺2.43万座，伊斯兰教教职人员2.8万多人。在西藏，有藏传佛教各类宗教活动场所1700多处，住寺僧尼4.6万多人。中国政府还帮助宗教团体建立宗教院校，培养少数民族宗教教职人员，并对少数民族地区部分宗教活动场所维修给予资助，对生活困难的少数民族宗教界人士给予经济补贴。

>> 少林寺是中国著名的佛教寺庙，“少林功夫”名扬天下。图为两位少林武僧在塔林景区内演练少林武功

21. 中国是维护世界和平的坚定力量

中国奉行防御性的国防政策。不论现在还是将来，不论发展到什么程度，中国都永远不称霸，永远不搞军事扩张。中国高举和平、发展、合作的旗帜，与世界各国一道共同营造和平稳定、平等互信、合作共赢的国际安全环境。

中国主张用和平方式解决地区热点问题

>> 2002年5月26日是藏历4月15日，也是西藏“萨嘎达瓦”节最隆重的一天，图为西藏各地的众多信徒来到拉萨朝佛转经

>> 2009年当地时间1月6日，中国海军护航舰艇编队抵达亚丁湾、索马里海域预定海区，并组织实施了首次护航。图为被护航的中国商船一字排开航行

>> 2010年，约2000名中国维和官兵在世界9个热点地区执行维和任务。图为2010年12月3日，在利比里亚蒙罗维亚运输分队营区，联合国驻利比里亚特派团司令穆罕默德·哈立德为中国维和官兵佩戴和平勋章

和国际争端，反对任意使用武力或以武力相威胁，反对侵略扩张，反对霸权主义和强权政治。按照“和平共处五项原则”开展对外军事交往，推动建立公平有效的集体安全机制和军事互信机制。坚持开放、务实、合作的理念，深化国际安全合作。参加联合国维和行动、海上护航、国际反恐合作和救灾行动。支持按照公正、合理、全面、均衡的原则，实现有效裁军和军备控制，维护全球战略稳定。

中国始终奉行不首先使用核武器的政策，坚持自卫防御的核战略，不与任何国家进行核军备竞赛。中国一贯主张全面禁止和彻底销毁核武器，支持《全面禁止核试验条约》早日生效。中国已签署并批准了所有已开放签署的无核武器区条约相关议定书。中国坚决反对大规模杀伤性武器及其运载工具扩散。中国参加了防扩散领域所有的国际条约和相关国际组织。中国认真履行《禁止化学武器公约》的各项义务。中国支持旨在加强《禁止生物武器公约》有效性的多边努力。从2007年起，中国参加了《联合国军费透明制度》。

22. 中国的国防费与武装力量的作用

2008年和2009年，中国年度国防费分别为4178.76亿元人民币和4951.10亿元人民币。中国年度国防费占国家财政支出的比例持续降低，由1998年的8.66%下降到2009年的6.49%。2010年，国防费预算为5321.15亿元人民币，比2009年增长7.5%，国防费增幅有所下降。

中国国防费主要由人员生活费、训练维持费和装备费3部分组成，各部分大体各占1/3。

中国军队承担了许多国家建设的任务。他们不仅参加交通、水电、通信、能源基础设施等重点工程建设，还参加农村扶贫、节水灌溉、人畜饮水、植树造林、为老百姓看病等工作。特别是在抗洪、抗震、抗旱、抗台风和森林扑火等抢险救灾行动中，中国军人一向冲在前面，承担最险最重的任务。

1990年，中国向联合国中东维和任务区派遣5名军事观察员，首次参加联合国维和行动。截至2010年12月，中国共参加19项联合国维和行动，累计派出维和官兵17390人次，9名维和官兵在执行任务中牺牲。2008年12月，中国派遣海军舰艇编队赴亚丁湾、索马里海域实施护航。截至2010

>> 2008年5月13日上午7时许，解放军战士在北川县城搜救出一位被压在废墟里已经17个小时的孩子。身体虚弱的孩子向解放军战士行军礼表达谢意

年 12 月，中国海军先后为 3139 艘中外船舶提供安全保护，其中解救被海盗袭击船舶 29 艘、接护船舶 9 艘。

2002 年以来，人民解放军已 28 次执行国际紧急人道主义援助任务，共向 22 个受灾国提供总价值超过 9.5 亿元人民币的帐篷、毛毯、药品、医疗器械、食品、发电机等救援物资。2001 年，由北京军区工兵团官兵、武警总医院医护人员和中国地震局专家组成的中国国际救援队，开始参与国际灾难紧急救援行动，迄今已 8 次赴受灾国执行救援任务。

中国民众赞誉中国军队是威武之师、文明之师。

23. 走和平发展的道路

走和平发展之路，是中国道路的内在要求，是中国发展的战略思想，是中国发展的基本国策，是中国发展的重要经验。

中共十六大以后，中国政府在坚持独立自主的和平外交政策的同时，提出了和平发展道路的主张。2004 年 8 月，胡锦涛在纪念邓小平诞辰 100 周年大会上的讲话中提出，要高举和平、发展、合作的旗帜，坚持走和平发展的道路。

2005 年 11 月，胡锦涛在英国伦敦金融城发表演讲，系统地阐述了走和平发展道路

>> 2010 年，中国派出约 1300 名医务人员在全球 48 个发展中国家提供人道主义帮助。图为 2 月 3 日，在海地首都太子港一个灾民安置点，一名中国医疗防疫救护队队员按照当地习俗与一名海地儿童互相问好

>> 中国与世界主要大国的关系继续保持稳定和发展，与美国发展21世纪积极合作全面的中美关系保持良好态势。图为2011年1月，胡锦涛赴美进行国事访问时与美国总统奥巴马在白宫共同会见记者

的基本内涵和重大意义。坚持走和平发展的道路，就是中国通过争取和平稳定国际环境来发展自己，又通过自己的发展来促进和平，永远做维护世界和平、促进共同发展的坚定力量；主要依靠自身力量和改革创新来实现发展，同时坚持对外开放的基本国策，在平等互利基础上同世界各国开展交流合作，努力实现互利共赢。

2007年10月，中共十七大报告庄严宣告“始终不渝走和平发展道路”，主张各国人民携手努力，推动建设持久和平、共同繁荣的和谐世界。

2008年北京奥运会开幕之前，胡锦涛在接见外国记者时说：“中国人民的梦想，就是要加快国家现代化建设，实现中华民族伟大复兴，同世界各国人民一道追求和平进步、和睦相处、和谐发展。”

2011年9月，中国国务院新闻办公室发布了《中国的和平发展》白皮书，全面地阐述了中国的和平发展道路。白皮书指出，从更宽广的世界历史视野看，和平发展道路归结起来就是：既通过维护世界和平发展自己，又通过自身发展维护世界和平；在强调依靠自身力量和改革创新实现发展的同时，坚持对外开放，学习借鉴别国长处；顺应经济全球化发展潮流，寻求与各国互利共赢和共同发展；同国际社会一道努力，推动建设持久和平、共同繁荣的和谐世界。这条道路最鲜明的特征是科学发展、自主发展、开放发展、和平发展、合作发展、共同发展。

科学发展。科学发展就是尊重并遵循经济社会和自然发展规律，牢牢抓住经济建设这个中心，坚持聚精会神搞建设，一心一意谋发展，不断解放和发展社会生产力。

自主发展。中国这样人口众多的发展中大国归根结底要靠自己的力量来发展。

开放发展。中国从自身发展经验中深刻认识到，不能关起门来搞建设。

和平发展。中华民族是爱好和平的民族，中国人民深信只有和平才能实现人民安居乐业，只有发展才能实现人民丰衣足食，把为国家发展营造和平稳定的国际环境作为对外工作的中心任务。同时，中国积极为世界和平与发展做出自己应有的贡献，绝不搞侵略扩张，永远不争霸、不称霸，始终是维护世界和地区和平稳定的坚定力量。

合作发展。中国坚持以合作谋和平、以合作促发展、以合作化争端，同其他国家建立和发展不同形式的合作关系，致力于通过同各国不断扩大互利合作，有效应对日益增多的全球性挑战，协力解决关乎世界经济发展和人类生存进步的重大问题。

共同发展。中国坚持奉行互利共赢的开放战略，坚持自身利益与人类共同利益的一致性，在追求自身发展的同时努力实现与他国发展的良性互动，促进世界各国共同发展。中国真诚期待同世界各国并肩携手，实现共同发展繁荣。

2011 年 10 月 9 日，胡锦涛在纪念辛亥革命 100 周年大会上说，实现中华民族伟大复兴，必须坚定不移地高举和平、发展、合作旗帜。辛亥革命 100 年来的历史表明，实现中华民族发展进步，不仅需要安定团结的国内环境，而且需要和平的国际环境。

>>“和平方舟”号医院船是由中国自行研制的世界首艘万吨级医院船。2010 年 8 月 31 日前往亚丁湾海域及吉布提、肯尼亚、坦桑尼亚、塞舌尔、孟加拉国等亚非五国执行“和谐使命—2010”任务。图为船上全体官兵举行向祖国宣誓仪式

24. 世界关注中国的和平发展道路

美国著名学者乔姆斯基说：“我认为，非常明显，中国希望通过和平方式提升和美国的关系，至少美国的战略分析家是这么理解的。”[2]

从“和平共处五项原则”到“独立自主的和平外交政策”，再到“和谐世界理念”，表明“中国实际上希望扮演的世界角色，不是领导者而是平衡者”，华盛顿中国论坛社社长陈有为指出，“在这个相互敌对充满纷乱的世界上，在和平与战争之间、强国与弱国之间、大国与小国之间、贫国与富国之间”，“中国希望进行协调与平衡，力求使世界局势从紧张转为平和，从极端化与恶性化的危机重重往良性的和平与稳定的方向转化”。

>> 上海纽约大学由中国华东师范大学和美国纽约大学合作，是国内第一所中美合作的国际化大学。图为 2011 年 3 月 28 日，上海纽约大学举行奠基仪式

>> 2011 年 9 月 21 日是国际和平日，这一天，国际和平日纪念活动暨东北亚发展论坛在沈阳开幕，主题是“让世界听到你的声音——共享和平与发展”

>> 2009年2月，胡锦涛对沙特阿拉伯、马里、塞内加尔、坦桑尼亚、毛里求斯等国进行国事访问，各国领导人就共同应对国际金融危机挑战达成新共识。图为胡锦涛在中国援建的坦桑尼亚国家体育场竣工仪式上与坦桑尼亚青年亲切交谈

25. 中国是非洲最真诚的朋友

众所周知，中国在自己还贫穷的时候，就一直在援助发展中国家，特别是非洲贫困国家。而现在，国力增强了，对外援助自然也在扩大。

中国的对外援助，一贯根据平等互利的原则，严格尊重受援国的主权，绝不附带任何条件和特权要求。提供援助的目的，不是造成受援国对中国的依赖，而是帮助受援国逐步走上自力更生的独立发展道路。

2006 年 11 月 4 日，参加中非合作论坛北京峰会的 48 个非洲国家代表济济一堂，围坐在一张直径达 20 米、周长达 62 米的巨大圆形桌前。他们身后是湛蓝色的“合抱之手”图案。这次峰会，非洲方面共有 35 位国家元首、6 位政府首脑、1 位副总统、6 位高级代表以及非洲联盟委员会主席出席。国外一家媒体惊叹：“没有一个国家能像中国这样几乎把所有非洲国家的领导人聚集在一起。”美国《国际先驱论坛报》认为：“许多参会的非洲领导人并不只是被援助和贸易机会所吸引，他们也为中国的发展模式所吸引。”世界银行前任行长沃尔·福威茨认为：“中国人以聪明才智和务实态度开辟了一条道路，为撒哈拉沙漠以南仍在努力寻找脱贫之路的 6 亿非洲人提供了宝贵的经验。”

南非驻华大使贝基·兰加认为，“中国从来没有过海外殖民。中国共产党自成立以来，就一直给予广大发展中国家以巨大支持与帮助。”[3]

几内亚驻华大使马马迪·迪亚雷认为，“中国无条件地与非洲分享一切，尊重我们的主权、观点、传统和文化，真诚地帮助非洲人民。在 2007 年至 2008 年间，中国一次性为 4 亿非洲人提供了医疗援助……除了中国，世界上还有哪个国家能这样做呢？”[4]

>> 2006 年 11 月 4 日，中非合作论坛北京峰会在北京人民大会堂开幕。会上，中国政府提出了一系列扩大中非经贸合作的具体措施，一方面进一步向非洲开放中国市场，一方面加快对非洲的投资合作，寻求互利共赢，共建和谐世界

>> 2011 年 1 月 17 日，美国纽约时报广场的电子显示屏正在播出《中国国家形象片——人物篇》。《人物篇》中包括了杨利伟、姚明等各领域优秀代表以及普通百姓的形象，旨在向全世界展示立体的中国

26. 负责任大国的形象日益凸显

中国是一个大国，是世界上人口最多的国家。作为一个负责任大国，中国首先是把自己的事情办好。中国解决了 13 亿多人的吃饭问题，是对世界的巨大贡献。中国保持了几十年的稳定发展，也是对世界的重大贡献。

中国人依靠自己解决了吃饭问题。这回答了美国学者布朗“21 世纪谁来养活中国”的质疑。2004 年的一天，也就是布朗发出警告的 10 年后，来自加拿大的“蓝色梦想号”船在中国深圳靠岸。船上装载的是联合国捐给中国的 4.3 万吨扶贫小麦，这是最后一批援助中国的粮食。当时卸货的工人都很高兴，毕竟，对中国的粮食援助，联合国此前已经进行了整整 26 年。联合国世界粮食计划署中国办公室主任韦安夏说：“停止对中国的粮食援助是一个谨慎的决定，我们讨论了五六年，我们也一直关注中国的问题。现在我们很骄傲也很清楚地知道，为什么你们能取得如此的成就。”自 20 世纪 70 年代以来，中国已经达到甚至超出了联合国粮农组织（FAO）的食物安全标准，创造了用世界 7% 左右的耕地养活世界 20% 人口的奇迹，粮食自给率超过了 95%。

中国是联合国常任理事国，参加了近 300 个国际条约、130 多个国际组织。在力所能及的范围内，在情况允许的条件下，酌情承担了与自己国家相称的国际义务。中国不仅提高了担负的联合国经费，依照联合国宪章有关规定派遣维和部队，而且在应对国际金融危机、气候变化、环境污染，开展能源安全合作，保障粮食安全、公共卫生安全，打击跨国犯罪，国际反恐，热点问题解决、防核扩散等全球性问题上，无不履行着自己的国际义务与责任。中国在处理伊朗核问题、苏丹达尔富尔问题、中东问题、伊拉克问题、朝鲜半岛问题等世界热点问题上，在遏制贸易保护主义、援助日本地震灾区等方面，均发挥了积极的作用，受到世界好评。

>> 2010 年，数万名中国工程师、技术人员、企业家奔赴世界各地，为促进当地经济发展辛勤工作。图为中国石油长城钻探工程公司肯尼亚项目部的工作人员在肯尼亚的裂谷省安装地热井钻探设备

>> 这是2004年10月10日，中国赴利比里亚维和医疗分队的护士正在利比里亚绥德鲁附近热带雨林中的村庄里为村民做心电图测量

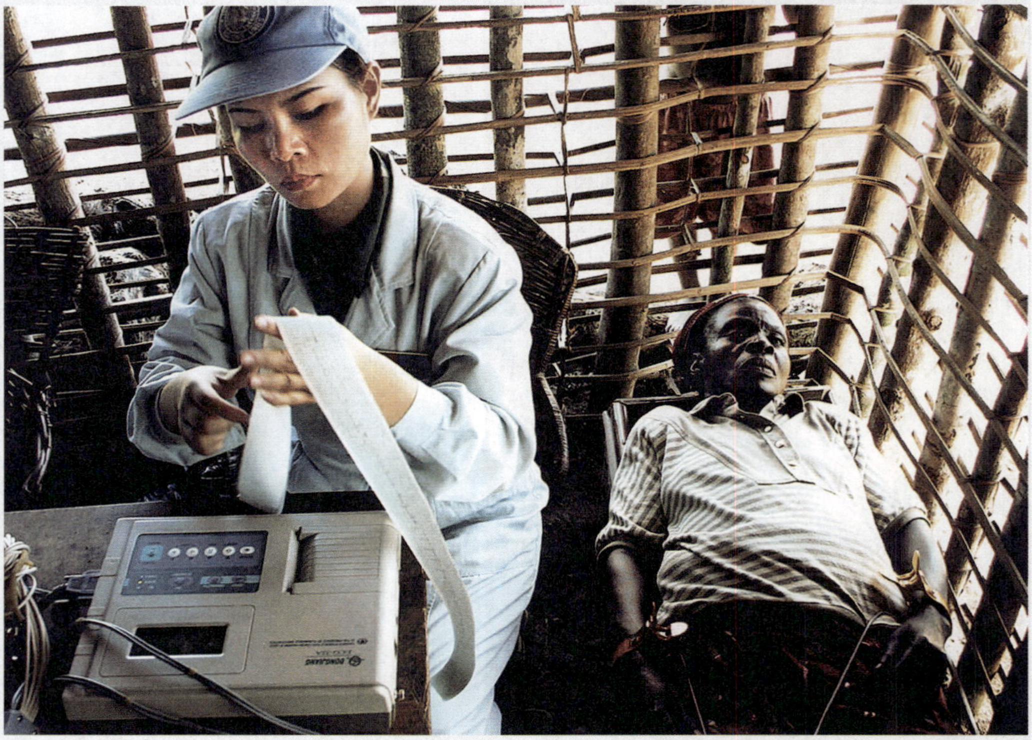

>> 2006年7月，在黎巴嫩南部城市苏尔，联合国驻黎巴嫩南部维和部队中国工兵营的官兵积极参加人道主义救援行动

2010 年，中国国内生产总值（GDP）超过日本，成为世界第二大经济体；中国外贸进出口总额达到 3 万亿美元，成为世界第二大贸易国、第一大出口国。中国吸收外资超过 1000 亿美元，对外直接投资达到 590 亿美元。随着综合国力的增强，中国顺应国际社会的期待，愿意在力所能及的范围内承担更多的国际义务，在国际舞台上彰显出负责任大国的形象。

瑞士驻华大使顾博礼认为："过去的几年里，中国在大多数全球议程中都起着越来越重要的作用。几乎在所有的全球问题上，中国都扮演着关键角色。这些问题包括气候变化、经济危机、金融行业改革、安理会和人权理事会的改革等。"[5]

比利时驻华大使奈斯认为："中国向联合国派出了自己的维和部队到世界各地维护世界和平，这反映了中国正由一个经济大国转变为政治大国。"[6]

俄罗斯驻华大使拉佐夫认为："对于中国海军护航舰队在亚丁湾执行任务，有些人表示了担心，我认为这是没有必要的，因为中国是在维护世界和平秩序。"[7]

27. 积极应对国际金融危机

国际金融危机爆发后，胡锦涛主席与美国总统布什通话，表示中国政府将同国际社会密切合作，共同维护世界经济和金融稳定。很快，中国就拿出了具体措施。

美国高盛公司表示，金融危机爆发以来，"金砖四国"对世界经济增长贡献率已超五成，而中国成为其中最主要的贡献者。世贸组织前总干事素帕差在《中国和世贸组织》一书中指出："一个成功向相对富足和公开的社会过渡的中国既是对其他国家的鼓舞，也将成为拉动世界经济的火车头。"

冰岛驻华大使柯丝婷认为："中国在应对金融危机、后危机时代全球金融系统重建和恢复中都发挥了关键作用。中国向世界展示了自己的智慧和实力。"[8]

马其顿驻华大使奥利维尔·沙姆贝夫斯基认为："中国的发展不是威胁，特别在过去两年发生国际金融危机的情况下，正是中国的发展帮助了全世界。中国是世界经济发展的引擎。"[9]

乌克兰驻华大使尤里·科斯坚科认为："中国经济高速发展，为世界经济的发展作出很大的贡献，尤其在国际金融危机中，中国为世界经济的复苏起到了不可替代的作用。"[10]

>> 2010 年，中国经济在世界性金融危机中破浪前行。中国拥有自主知识产权的 C919 大型客机在珠海航展上已获得 100 架启动订单。图为机身部件顺利下线

>> 2008 年正式获得国家批准建设的北部湾经济区，是在中国—东盟自由贸易区框架下的中国首个国际区域经济合作区。图为西南第一大港防城港的繁忙景象

28. 中国的成功

中国无疑是成功的。1978 年，中国正要启动改革开放的时候，它的国内生产总值（GDP）为 3588.1 亿元，人均国内生产总值为 375 元，国民收入为 3010 亿元，人均国民收入为 315 元人民币（按照当年人民币与美元的汇率，为 200 美元）。而当时西德的人均国民收入为 9275 美元，美国人均国民收入为 8514 美元。[11] 30 年过去后，当历史来到 2011 年，中国却向世界展示了这样一组数据（不包括香港、澳门、台湾）：

年末全国总人口 134735 万多人。

全年国内生产总值 471564 亿元人民币。

年末国家外汇储备 31811.48 亿美元。

全年财政收入 103740 亿元。

全年粮食产量 57121 万吨。

全年农村居民人均纯收入 6977 元；城镇居民人均可支配收入 23979 元。

>> 2003 年 10 月 15 日，中国第一艘载人飞船“神舟五号”在酒泉卫星发射中心发射升空，并在飞行 21 小时后安全返回地面，实现了中华民族千年飞天梦想。图为执行中国首次载人航天飞行任务的航天员杨利伟出发登舱前挥手致意

>> 2006 年 1 月 12 日，总部设在伦敦的杜莎夫人蜡像馆展出了李小龙、成龙、邓亚萍、梅艳芳、邓丽君、谢霆锋、关之琳和姚明 8 位中国明星的蜡像，为即将到来的中国春节助兴。图为姚明的蜡像

>> 2009年1月7日，工业和信息化部宣布，批准中国移动、中国电信、中国联通经营第三代移动通信（3G）业务。图为北京一家中国移动3G手机体验大厅

>> 经过近15年的建设，总规模约3.5万公里的“五纵七横”国道主干线于2007年年底贯通。这12条主干线覆盖了全国所有人口在100万以上的特大城市和93%的人口在50万以上的大城市

29. 世界分享中国的成功经验

2004 年 5 月，乔舒亚·库珀·雷默写了一份名叫《北京共识：中国是否能够成为另一种典范》的研究报告，雷默提出：正是中国，依靠她独特、典范而成功的发展路径，在帮助和重塑着这个世界。中国人走的路，正变得越来越流行，并且给世界带来了希望。

他的研究报告契合了世界希望解读中国成功之路的强烈愿望，因而引发了广泛关注。

到了 2009 年，世界上几乎所有重要媒体，都在谈论着中国 30 多年来发生的事情。

法国学者高大伟（David Gosset）2009 年 2 月在《亚洲时报》发表评论文章，呼吁西方改变旧观念，重新认识中国。他写道："中国在向世界开放的同时，西方能不能也向中国的文艺复兴学习呢？如果西方认为自己没必要向中国学习，没有必要学习中国古老的智慧、美学和价值观，如果面对中国模式的全面成功，西方还是拒绝质疑自己对经济和政治现代性的臆断，那么西方真可能成为最后一只井底之蛙。"

中国经验、中国模式、中国道路、北京共识，这些不同的表述针对着同一个对象，蕴含着一个同样深刻的价值指向，即当代中国的发展，其价值已经远远超出中国的国界，中国通过改变自己影响世界。中国道路很可能是人类历史上第一条非西方化的现代化成功之路。它是一条富裕之路，也是一条文明之路、和平之路。

>> 2011 年，中国粮食实现了半个世纪以来首次"八连增"，粮食总产达到 57121 万吨，单产和总产再创历史新高。图为山西运城市新绛县西韩村两名小朋友在晾晒的玉米柱里捉迷藏

>> 联合国开发计划署在《2007/2008中国人类发展报告》中指出，中国的人类发展指数处在历史最高水平，接近“高人类发展国家”的标准。图为2008年11月16日报告发布会现场

>> 发展社会主义民主政治，是中国共产党始终不渝的奋斗目标。图为2005年5月27日，北京古城街道十万平社区70多名党员举手通过“公推直选”社区党总支书记的有关章程

30. 中国特色社会主义的内涵

中国人自己是怎么看他们所走的路的？中国人说，他们所走的路，叫做“中国特色社会主义”。这条道路的内涵，胡锦涛曾经将其概括为“十个结合”，即：

（一）必须把坚持马克思主义基本原理同推进马克思主义中国化结合起来，解放思想、实事求是、与时俱进，以实践基础上的理论创新为改革开放提供理论指导。

（二）必须把坚持四项基本原则同坚持改革开放结合起来，牢牢抓住经济建设这个中心，始终保持改革开放的正确方向。

（三）必须把尊重人民首创精神同加强和改善党的领导结合起来，坚持执政为民、紧紧依靠人民、切实造福人民，在充分发挥人民创造历史的作用中体现党的领导核心作用。

（四）必须把坚持社会主义基本制度同发展市场经济结合起来，发挥社会主义制度的优越性和市场配置资源的有效性，使全社会充满改革发展的创造活力。

（五）必须把推动经济基础变革同推动上层建筑改革结合起来，不断推进政治体制改革，为改革开放和社会主义现代化建设提供制度保证和法制保障。

（六）必须把发展社会生产力同提高全民族文明素质结合起来，推动物质文明和精神文明协调发展，更加自觉、更加主动地推动文化大发展大繁荣。

（七）必须把提高效率同促进社会公平结合起来，实现在经济发展的基础上由广大人民共享改革发展成果，推动社会主义和谐社会建设。

（八）必须把坚持独立自主同参与经济全球化结合起来，统筹好国内国际两个大局，为促进人类和平与发展的崇高事业做出贡献。

（九）必须把促进改革发展同保持社会稳定结合起来，坚持改革力度、发展速度和社会可承受程度的统一，确保社会安定团结、和谐稳定。

（十）必须把推进中国特色社会主义伟大事业同推进党的建设新的伟大工程结合起来，加强党的执政能力建设和先进性建设，提高党的领导水平和执政水平、拒腐防变和抵御风险能力。

“十个结合”就是中国道路的基本内涵，它凝结着过去，更昭示着未来。

2011 年 7 月 1 日，在中国共产党成立 90 周年大会上，胡锦涛总结了中国道路所取得成就的原因。他说，经过 90 年的奋斗、创造、积累，中国共产党和中国人民必须倍加珍惜、长期坚持、不断发展的成就是：开辟了中国特色社会主义道路，形成了中国特色社会主义理论体系，确立了中国特色社会主义制度。

中国特色社会主义道路，是实现社会主义现代化的必由之路，是创造人民美好生活的必由之路。中国特色社会主义道路，就是在中国共产党领导下，立足基本国情，以经济建设为中心，坚持四项基本原则，坚持改革开放，解放和发展社会生产力，巩固和完善社会主义制度，建设社会主义市场经济、社会主义民主政治、社会主义先进文化、社会主义和谐社会，建设富强民主文明和谐的社会主义现代化国家。

中国特色社会主义理论体系，是指导中国共产党和中国人民沿着中国特色社会主义道路实现中华民族伟大复兴的正确理论。中国特色社会主义理论体系是包括邓小平理论、“三个代表”重要思想以及科学发展观等重大战略思想在内的科学理论体系，它系统回答了在中国这样一个十几亿人口的发展中大国建设什么样的社会主义、怎样建设社会主义，建设什么样的党、怎样建设党，实现什么样的发展、怎样发展等一系列重大问题，是对毛泽东思想的继承和发展。

中国特色社会主义制度，是当代中国发展进步的根本制度保障，集中体现了中国特色社会主义的特点和优势。推进社会主义制度自我完善和发展，在经济、政治、文化、社会等各个领域形成一整套相互衔接、相互

>> “十一五”规划完成情况喜人。图为中国第一条时速 350 公里高速铁路——京津城际铁路试验列车驶过北京永定门桥（2008 年摄）

联系的制度体系。人民代表大会制度这一根本政治制度，中国共产党领导的多党合作和政治协商制度、民族区域自治制度以及基层群众自治制度等构成的基本政治制度，中国特色社会主义法律体系，公有制为主体、多种所有制经济共同发展的基本经济制度，以及建立在根本政治制度、基本政治制度、基本经济制度基础上的经济体制、政治体制、文化体制、社会体制等各项具体制度，符合中国国情，顺应时代潮流，有利于保持党和国家活力、调动广大人民群众和社会各方面的积极性、主动性、创造性，有利于解放和发展社会生产力、推动经济社会全面发展，有利于维护和促进社会公平正义、实现全体人民共同富裕，有利于集中力量办大事、有效应对前进道路上的各种风险挑战，有利于维护民族团结、社会稳定、国家统一。

面对风云变幻的国际形势，面对艰巨繁重的国内改革发展稳定任务，中国共产党要团结带领中国人民继续前进，开创工作新局面，赢得事业新胜利，最根本的就是要高举中国特色社会主义伟大旗帜，坚持和拓展中国特色社会主义道路，坚持和丰富中国特色社会主义理论体系，坚持和完善中国特色社会主义制度。

>> 红碱淖湿地位于陕西省榆林市。由于周边地区实施退耕还林、天然林保护和封山禁牧等林业工程，生态环境明显好转，在这里栖息、繁殖的遗鸥和其他水禽数量逐年增加。图为暮色中美丽的红碱淖（2005 年摄）

1.《关注中国——41 位驻华官员谈中国共产党》，红旗出版社 2011 年版，第 162 页。
2. 蒯禾昊、李江：《美国无法威胁中国——独家专访乔姆斯基》，载《南方人物周刊》2003（2）。
3.《关注中国——41 位驻华官员谈中国共产党》，红旗出版社 2011 年版，第 240 页。
4.《关注中国——41 位驻华官员谈中国共产党》，红旗出版社 2011 年版，第 184 页。
5.《关注中国——41 位驻华官员谈中国共产党》，红旗出版社 2011 年版，第 204 页。
6.《关注中国——41 位驻华官员谈中国共产党》，红旗出版社 2011 年版，第 98 页。
7.《关注中国——41 位驻华官员谈中国共产党》，红旗出版社 2011 年版，第 5 页。
8.《关注中国——41 位驻华官员谈中国共产党》，红旗出版社 2011 年版，第 212 页。
9.《关注中国——41 位驻华官员谈中国共产党》，红旗出版社 2011 年版，第 130 页。
10.《关注中国——41 位驻华官员谈中国共产党》，红旗出版社 2011 年版，第 84 页。
11. 武力主编：《中华人民共和国经济史》上卷，中国时代经济出版社 2010 年版，第 648 ~ 649 页。

>> 2009年10月1日，首都各界庆祝中华人民共和国成立60周年大会在北京举行。图为“国旗”方阵、“国徽”和“国庆年号”方阵通过天安门广场

1949 国庆 2009

第七章
2012-2014

2012 年 11 月中共十八大召开以后，习近平成为中国最高领导人。以习近平为总书记的中国共产党新的中央领导集体，以中国梦为共识凝聚全国人民，在新的历史起点上全面深化改革，开始了全面建成小康社会的新征程，夺取中国特色社会主义建设的新胜利。

>> 2013 年 11 月，习近平在湖南考察，了解经济社会发展情况，推动少数民族和民族地区加快发展。图为 11 月 3 日习近平与农民座谈

>> 2013 年 6 月 7 日，国家主席习近平在美国加利福尼亚州安纳伯格庄园与美国总统奥巴马会晤，提出把中美两国合作伙伴关系建设成 21 世纪的新型大国关系

1. 全面建成小康社会

2012 年 11 月在北京召开的中共十八大，是在中国进入全面建成小康社会决定性阶段后的一次承前启后的重要大会。

大会实现了中国最高领导层的顺利交接，提出到 2020 年实现全面建成小康社会的宏伟目标，勾画了中国走向未来的灿烂图景。

具体要求是：经济持续健康发展，人民民主不断扩大，文化软实力显著增强，生态环境越来越好，人民生活水平全面提高，实现中国国内生产总值和城乡居民人均收入比 2010 年翻一番。

如期全面建成小康社会是中国共产党对中国人民的庄严承诺，也是一个既鼓舞人心又切实可行的战略目标。

>> 2013 年 10 月 29 日，江西省靖安县仁首镇石下村农民在收割晚稻。中国政府 2004 年至 2014 年连续十一年发布以“三农”为主题的中央一号文件，把“三农”问题摆在最重要的地位来抓。2013 年粮食生产再创历史新高，实现十年连续增产

>> 2013年12月15日，“嫦娥三号”着陆器和巡视器成功互拍。“嫦娥三号”发射成功并在月球实现软着陆，为中国航天事业发展树立了新的里程碑，将为进一步实现中国载人登月计划奠定基础

2. 中国梦

中共十八大以后，在中国社会结构、经济结构、思想观念多变多样的情况下，如何把中国人的思想统一到中华民族伟大复兴的旗帜下，对以习近平为总书记的中国共产党新的中央领导集体是一重大挑战。习近平顺应全国人民的期待，提出并深刻阐述了中国梦。

习近平说，实现中华民族伟大复兴，是近代以来中国人民最伟大的梦想，我们称之为“中国梦”。

中国梦的基本内涵是实现国家富强、民族振兴、人民幸福；实质是人民的梦，必须紧紧依靠人民来实现，必须不断为人民造福；是历史的、现实的，也是未来的；是国家的、民族的，也是每一个中国人的。中国梦是和平、发展、合作、共赢的梦，与世界各国人民的美好梦想相通。

中国人民热爱生活，期盼有更好的教育、更稳定的工作、更满意的收入、更可靠的社会保障、更高水平的医疗卫生服务、更舒适的居住条件、更优美的环境，期盼孩子们能成长得更好、工作得更好、生活得更好。习近平说：“人民对美好生活的向往，就是我们的奋斗目标。”

中国梦，用最通俗、最平实、最易懂的话语凝练了中华民族的百年理想，生动形象地表达了中国人民的共同理想追求，具有巨大的凝聚民心与动员民众的力量，有利于实现中华民族的伟大复兴，有利于中国人民与世界各国人民的相互理解，中国走和平发展道路的前景进一步深入人心。

>> 以习近平为总书记的党中央新一届中央领导集体，为实现十八大确定的“两个一百年”奋斗目标，提出了实现中华民族伟大复兴的中国梦，为中国未来的发展描绘了宏伟蓝图。2012 年 11 月 29 日，习近平等国家领导人在国家博物馆参观《复兴之路》展览，提出为实现中国梦而奋斗

>> 中国的海洋开发取得长足进步，已在探测海洋矿藏、利用海洋油气资源等方面取得一定成果。“蛟龙号”载人深潜器为中国勘探深海资源奠定坚实基础，进一步推动海洋开发

>> 吉林省查干湖农民在2013年冬季喜庆捕鱼丰收。《中共中央关于全面深化改革若干重大问题的决定》提出赋予农民更多财产权利，农民的生活水平将会进一步得到提高

3. 全面深化改革

改革开放是中国共产党在新的时代条件下带领全国各族人民进行的伟大革命，是当代中国最鲜明的特色，是决定当代中国命运的关键抉择，是中国共产党和中国人民事业大踏步赶上时代的重要法宝。

1978 年中共十一届三中全会作出改革开放重大决策以来，经过三十多年改革，中国发展进入了新阶段，改革进入攻坚期和深水区。实现中共十八大确定的“两个一百年”目标，要求全面深化改革。2013 年 11 月，中共十八届三中全会对全面深化改革进行了战略部署。

总目标：完善和发展中国特色社会主义制度，推进国家治理体系和治理能力现代化。

重要论断：使市场在资源配置中起决定性作用；混合所有制经济是基本经济制度的重要实现形式；协商民主是中国社会主义民主政治的特有形式和独特优势等。

重大举措：设立国家安全委员会，成立全面深化改革领导小组。

中共十八届三中全会关于全面深化改革的决定，将在中国改革开放历史上发挥重要作用，推动全面建成小康社会和中国梦的实现。

>> 中国共产党积极开展群众路线教育实践活动，深入了解群众意见，密切党群干群关系，贯彻全心全意为人民服务的宗旨。2013 年 7 月 12 日，习近平在河北省调研指导党的群众路线教育实践活动时看望正定县塔元庄村村民

结　束　语

经过从 1840 年至今的 170 多年的艰辛探索，历史和人民选择了中国共产党，选择了马克思主义，选择了社会主义道路，选择了改革开放。中国人民把马克思主义的普遍原理与中国的具体实际相结合，把社会制度和政治优势与市场经济活力相结合，把优秀的中华文明与世界文明相结合，初步走出了一条适合国情的发展道路——中国道路。中国道路实质就是中国特色社会主义道路。中国特色社会主义道路，既坚持了科学社会主义的基本原则，又根据中国实际和时代特征赋予其鲜明的中国特色，是实现社会主义现代化的必由之路，是创造中国人民美好生活的必由之路。

通过中国道路，中国社会发生了翻天覆地的变化，实现了从传统农业社会到现代工业社会的巨大转变：在政治上，从封建专制到人民民主；在经济上，从农业经济为主导到工业经济为主导；在人口结构上，从农民为主体到市民为主体；在技术上，从手工到机械化、自动化、智能化；在文化上，从传统农业文明到现代工业文明；在外交上，从封闭到开放……

同时，我们也要看到，建设中国特色社会主义，是前无古人的宏伟事业，没有现成的经验可借鉴。中国的成功来之不易，中国今后的道路也不会平坦。中国还会遇到诸如转变发展方式、维护社会稳定、实现民族共同繁荣进步等一系列问题的挑战。在未来的发展中，中国共产党将继续团结带领中国人民，高举中国特色社会主义伟大旗帜，坚持和拓展中国特色社会主义道路，坚持和丰富中国特色社会主义理论体系，坚持和完善中国特色社会主义制度，为早日实现中华民族的伟大复兴和人类社会的全面进步而继续奋斗！

回顾历史，展望未来，中国人民坚信，一个繁荣发展的中国，一个民主法治的中国，一个和谐稳定的中国，必将为世界做出更大贡献。中国人民愿同世界各国人民一道，为实现人类美好理想而不懈努力。